強い通貨、
弱い通貨

宮崎成人
Masato Miyazaki

ハヤカワ新書 032

目次

はじめに

——マイノリティ・リポート——

事件が起こる前に

世界中のほとんどの国は、自分たちの国に特有の通貨を持っています。日本なら円、アメリカならドル、といった具合です。

当たり前のようですが、必ずしもそうではありません。

例えば強い経済関係にある大国の通貨をそのまま国内で用いたり、国内の高インフレへの解決策として信用力のある他国の通貨（主にドル）を自国内で流通させたりすることはよくあります（いわゆる「ドル化」）。企業や家計が自発的に外貨を用いるのみならず、政府が外貨に国内通貨としての法的地位を与えることも珍しくありません。

このような場合、自国通貨あるいは独自コインと他国通貨が併用されるのを公認するケースが多いですが、自国通貨自体を廃止してしまうケースもあります。[1]ドルとの関係では、併用の例として20世紀初頭以来のパナマをはじめとする中南米諸国が挙げられますし、廃止の例としては２０００年代のジンバブエが有名です。ヨーロッパでは、ユーロの導入後バチカン市国、サン・マリノ、アンドラなどの小国がユーロを法定通貨とし、独自通貨はありません。最近では2023年11月の選挙で当選したアルゼンチンのミレイ大統領が、同国の積年の経済問題（特にインフレ）への解決策として、ドル化（ペソの廃止）と中央銀行の廃止を公約として掲げていました。

これらの国々は受動的にドルやユーロを流通させているだけですから、当然アメリカの連邦準備制度理事会（以下「FRB」）や欧州中央銀行（以下「ECB」）の金融政策決定など、ドルやユーロに関する意思決定過程には参画できません。もっともフランスやドイツといったユーロ圏諸国にしても、通貨政策はユーロ参加国全体の合議で決まるので、個々の国としてユーロに関する完全な主権を持っているわけではありません。その意味で、厳密にはユーロを自国通貨と呼べないとも言えるでしょう。

いずれにせよ、世界に約200か国あるとすれば、それに近い数の通貨があり、その信用力や流通範囲、取引に関する規制等は様々ですし、国際的に用いられる度合いもそれぞれです。例えば輸出入の契約書の中で貿易品の価格の単位に使われるものは「インボイス・カレ

1　固定相場制と「ドル化」や「ユーロ化」との中間的形態として、「カレンシー・ボード」という制度があります。これは外貨準備として保有するドルやユーロの量を上限として、固定されたレートで自国通貨を発行するもので、ドルに対しては香港や1990年代のアルゼンチンが、ユーロに対してはエストニアやブルガリアが代表的な事例です。

ンシー」と呼ばれますし、各国の公的な外貨準備に積まれるものは「準備通貨（リザーブ・カレンシー）」と呼ばれます。数多くある通貨の中には、広く国際的に利用され信用力の高い有力な通貨（国際通貨）がいくつか存在します。そうした国際通貨の中で最も重要なものを、日本では「基軸通貨」と呼ぶのが通例です。

本書は、まず基軸通貨に対する筆者の考え方を明らかにした上で（「コラム1」）、有力通貨興亡の見地から過去を振り返り、将来を展望することを目的にしています。

歴史的な経緯に基づきドルが現状で圧倒的な存在感を持っているのは否定できない事実です。その結果、ドルには特別な地位と役割、そして責任が伴っています。各国はその事実を所与のものとして受け入れ、むしろ面倒なことはドルに任せて自国の繁栄を追求していると言ってよいでしょう。つまり、アメリカが主観的にドルを世界最強の通貨と見ているだけでなく、各国ともその状況を追認し、特に困らない限りアメリカの行動の自由を容認しているわけですから、現在もドルは覇権を握った通貨（覇権通貨）なのです。

一方で、アメリカの軍事的・政治的・経済的覇権が相対的に弱まっている、というのは一般に広がっている現状認識だと思います。では、なぜドルの覇権が依然として強力に維持されているのでしょうか？　ドル以外の通貨が覇権を握る条件は何でしょうか？　もしドルの覇権が失墜するとしたら、それはどのような要因によってもたらされるでしょうか？　過去の歴史は、この問題にどのようなヒントを与えてくれるでしょうか？

日本に住む我々にとっては、国際経済・金融秩序が変容していく中で円の役割がどうなっていくかにも関心があります。経済規模で米中や欧州の後塵を拝する日本にとって、円はどのような立ち位置を目指すべきでしょうか？

これらはあまりにも大きな問題設定であり、筆者の能力ではとても決定的な答えを導くことはできませんが、本書を通じて読者の皆さんが何らかの考えるヒントを得ていただければ、望外の喜びです。


国際経済・金融の分析はミステリーと言って過言ではありません。論理は大事ですが、予想外のどんでん返しも珍しくありません。市場にはサスペンスがあるでしょうし、当局の議論は密室（？）かもしれません。

圧倒的な覇権通貨であった英ポンドは、二度の世界大戦の結果、20世紀前半に没落しました。金本位制という当時の硬直的なシステムの下では、それ以外の結果を想定するのは困難です。つまりポンドは、金本位制という「現場」で、世界大戦と大恐慌によって「殺された」のでした（第二章）。もしドルが没落への道をたどる場合、ドルを「殺す」者は誰でしょうか？　本書は、今世紀半ばを想定して、いくつかの候補を検討した上で、一つの結論に達します。当然ながら、唯一無比の結論だと言うつもりはありませんし、将来の状況によって（つまり現場が変わってしまえば）、結論も変わり得るでしょう。そもそも「事件」が起こらない可能性もかなり高いはずです。その意味で本書は、まだ起こっていない殺人事件の犯人捜しをしようという無謀な試みですから、あくまでも一つのエンターテインメントとしてお楽しみいただければ幸いです。

本書の各章には、その章の内容を象徴するような古今の名作SF・ミステリーのタイトルを用いました。筆者の遊び心であり、それらを読んでおられなくても全く問題ありません。もちろん、本書をきっかけにそれらの名作を読んでいただけるのであれば、出版社に代わって御礼申し上げます。

本書に引用されたデータなどは、特に出典が明示されていない場合、国際通貨基金（以下ＩＭＦ）・世界銀行・ＯＥＣＤなどの国際機関か、日本や各国の政府・中央銀行などのホームページから取っています。また、本書に含まれる意見は、あくまでも筆者の個人的な考えであり、筆者がかつて、あるいは現在所属するいかなる組織の意見も代表するものではありません。

では、始めましょう。

コラム1：基軸通貨とキー・カレンシー

旅を始める前に、まず「基軸通貨」とは何か、という問いへの筆者なりの考えを示しておきます。[2]

広辞苑（第7版）によると、「基軸」とは物事の基本・中心となるものと定義されています。軸には車輪の中心とか巻物の中心の意味もありますので、基軸という言葉から受けるのは、物事がその周りを周回する心柱のようなイメージと言って間違いなさそうです。そうなると、「基軸通貨」は、国際経済・金融システムの中心となるもので、種々の経済活動や金融取引がその周りを周回するような、大事な通貨ということになります。[3]

英語で最も近い概念は「キー・カレンシー（Key Currency）」だと思いますが、これは文字通り国際経済・金融活動のカギを握る重要な通貨、というニュアンスで、諸事がその周りを周回するという語感とは異なります。「基軸通貨」は、制度的あるいは法的に特定の通貨が心柱として国際的に受け入れられている、という状況を基礎とする一方、「キー・カレンシー」は、量的・質的に重要ではあっても特定の制度を前提とせず、心柱と広く認められている必要もない、と言うこともできるでしょう。軸がいくつもあると車輪はスムースに回転しませんが、「キー・カレンシー」が複数存在しても違和感はありません。

筆者の考えでは、現代史において純粋な意味で「基軸通貨」と呼べたのは金本位制下の英ポンドとブレトン・ウッズ体制下の米ドルであり、現在のドルの枢要な地位は、制度的ではなくあくまで慣習的なものであって、その意味では最大の「キー・カレンシー」と位置付けるのが適切であろうと思います。[4] その含意するところは、将来において、全く新しい国際金融システムが生まれてその心柱が新たな基軸通貨となる可能性もあるが、現在の状況のまま最重要のキー・カレンシーがドルから他通貨に移る可能性もある、ということです。

このような議論は衒学的《げんがく》で、実質的な違いはないではないか、と言われればその通りかもしれません。日本語の語感に基づいて論じることに意味はないとの批判もあるでしょう。ただし、「基軸通貨」が移行した際（ポンド↓ドル）にシステム変更された（金本位制↓ブレトン・ウッズ体制）のに比べると、システム変更を伴わない「キー・カレンシー」の移行は比較的容易に起こる可能性があることに着目すれば、区別して議論する価値は皆無ではないと考えます。

2　そもそも「通貨」とは何か、というのは深遠な哲学的・歴史的思考を必要とする議論なのですが、本書はそこには立ち入りません。関心のある読者は、黒田明伸『貨幣システムの世界史』（岩波書店、2020年）などを参照して下さい。

3　学術的には、計量単位・支払い手段・価値保蔵の三機能を果たすような国際通貨の中で特に重要なもの、と整理されています。

4　とはいえ、現在のドルの地位を示すのに「基軸通貨」という用語が日本では日常的に用いられているのは事実であり、筆者もブレトン・ウッズ体制崩壊後のドルについて基軸通貨と表現する場合があります。

序章

――鷲は舞い降りた――

国際通貨覇権の淵源

現代社会に暮らす我々にとって、通貨が存在することはあまりに当たり前ですので、通貨がなぜ存在するのかを考えることはまずありません。しかし、なぜ「強い通貨と弱い通貨」が存在するのか、という問いに接することは珍しくありません。ほとんどの場合、それは為替市場における円、ドル、ユーロ、人民元など個別通貨の短期的な変動を意味します。ところが稀に、例えば金融危機や石油危機といった大きなショックに見舞われると、国際的な信頼を背景に「強い通貨と弱い通貨」が二分されるのを目撃することもあります。

こうした構造的な意味での「強い通貨」は、必ずしも常に為替市場で最強というわけではないものの、国内あるいは海外の政府・企業・家計などから、最後の砦（ラスト・リゾート）と認識されています。

本章では、通貨への信認とはどういうものかを論じた後、最近の円安を例に為替変動の短期的・長期的な要因を眺めていきます。その上で、ドルが国際金融・経済秩序の中で覇権的地位を占めている現状の背後にある力について筆者の考えを述べたいと思います。

紙幣の肖像が変わっても、我々の円紙幣への信頼が変化することはありません。福沢諭吉の印刷された一万円札で購入できた物品やサービスは、渋沢栄一が印刷された一万円札でも同様に購入できると信じているからです。もちろん一万円札が印刷された紙片に一万円の価値があると思っているわけではありません。この紙片と一万円の価値とを交換できるとの政府の約束を信じているだけですが、国民全員が同じように信じているので、いちいち取引の際に価値の説明をすることなく、一万円札を使用することができるわけです。

しかし、この信頼には例外もあります。

インフレ

まずインフレです。これまで一万円札でラーメンが10杯食べられていたのに、インフレの結果9杯しか食べられなくなったとしたら、それは実質的に紙幣の価値が下がっているのと同じことです。[5] それは一万円と印刷してある紙幣の持つ価値（＝購買力）への信頼が低下す

5　正確には、紙幣が表象している通貨（「一万円」）の価値が下がっているのですが、体感的には同じことでしょう。反対に、デフレで物価が下落する結果、ラーメンが11杯食べられるようになったとしたら、紙幣（通貨）の実質的な価値が上がったことになります。

図 0-1　壁紙にされるマルク札

ることを意味します。

インフレがコントロールできず、いわゆるハイパー・インフレーションとなると、紙幣の実質的な価値は限りなく下がっていき、最終的には紙片の価値と同じになるでしょう。1923年のドイツ（ワイマール共和国）では、1000億マルク札など額面の大きな紙幣が次々と発行されましたが、紙幣を受け取った人は「1000億」という数字に何の重きも置かず、紙幣を壁紙の代わりに壁に貼ったり（図0-1）、薪の代わりに暖炉で燃やしたりしました。それは紙幣に紙片以上の価値がなくなったためですし、紙幣が表象する通貨（ドイツ・マルク）への信頼が失われていたためです。

ドイツのみならず、ハイパー・インフレーションに見舞われた政府は紙幣のデザインを変更して新たに発行し、国民の信頼を獲得しようとするのが通例ですが、デザインだけで人々の感覚を変えるには無理があり、実効性のあるインフレ対策と合わせなければ大抵失敗に終わります。[6]

6　日本では第二次世界大戦敗戦直後の1946年に、預貯金を封鎖した上でその時点で流通していた紙幣も無効とし、新しいデザインの紙幣（新円）に徐々に切り替える措置を採りました。それにより、急速に上昇していたインフレ率は低下したものの、それでも小売物価は1949年までに約10倍となり、同年には財政金融の引締め政策（いわゆるドッジ・ライン）が採られました。

為替レート

紙幣の肖像画にかかわらず、仮に$1＝¥100であれば、一万円を100ドル相当の物品やサービスと交換できるとの推定が働きます。しかし様々な理由で（インフレ率の相違は大きな要因です）為替レートが動き、$1＝¥150となれば、一万円札と交換できるのは67ドル程度にしか過ぎません。国内で暮らしていれば、そのような変化（円の購買力の低下）を感じる機会は少ないかもしれませんが、それでも輸入する原油・ガス・食料などの国際価格が安定しているのに円建て価格が上昇する場合などに、円安の影響を実感することになります。

現に、円安が大きく進んだ2022年の輸入品の価格上昇（日銀の発表する企業物価指数のうちの「輸入物価指数」）は、契約通貨ベースでは前年比で約2割の上昇ですが、円建てに換算すると約4割の上昇でした。円安によって海外での価格上昇が国内に増幅されて伝わったわけです。海外旅行や出張の際に、現地のホテル代や外食費用が、円に換算するとかなり高く感じられるのは当然です。

為替レートは、為替市場における特定の通貨の需給によって決まります。単純に言えば、市場でドルの人気が高まればドル高になりますし、反対ならドル安です。足下で大きく円安が進んでいるということは、円の人気が下がっていることを意味します。その要因はいくつ

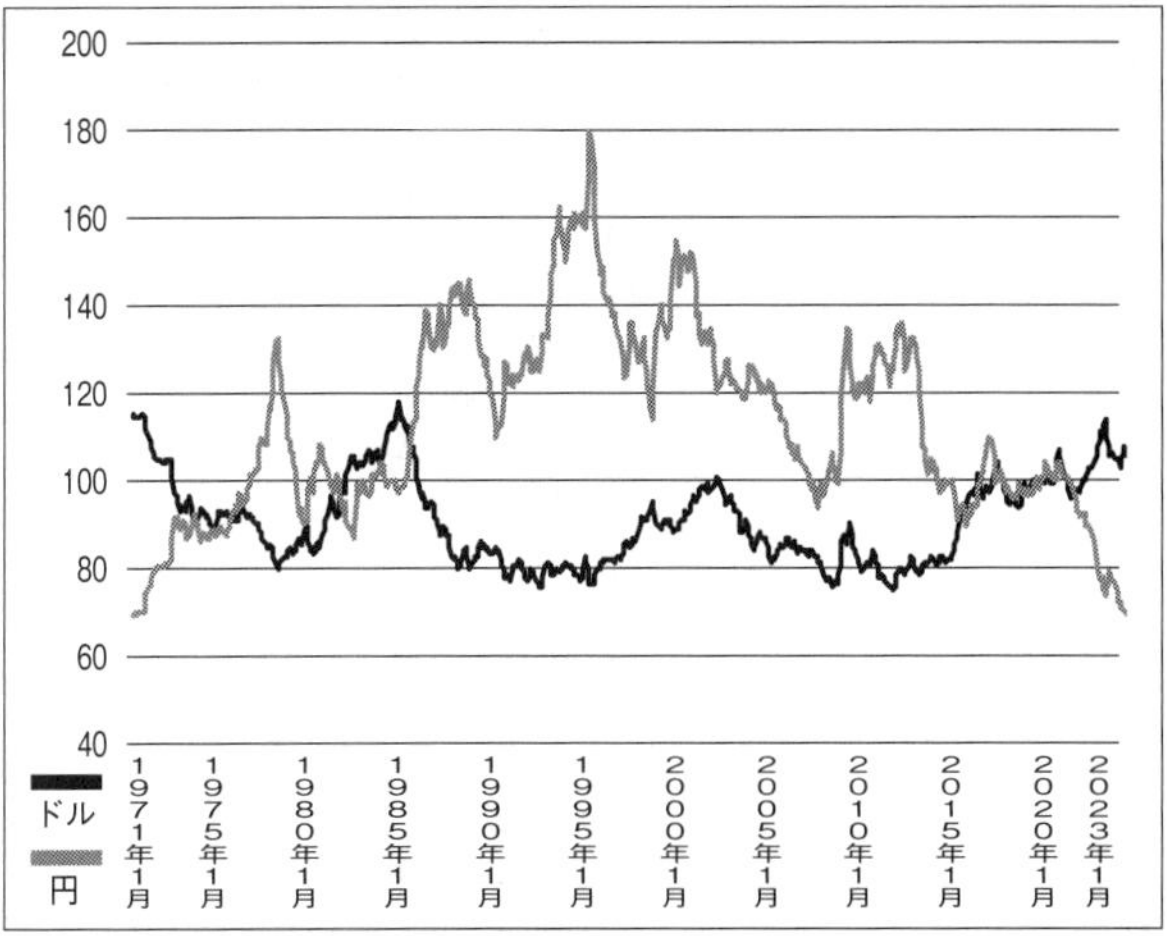

図 0-2　円とドルの実質実効為替レート（2020 年 = 100）（出典：BIS）

かありますが、海外投資家が円への信頼を低下させているとすると、大きな問題です。

貿易相手国との関係を加重平均してインフレの影響を除いた実質実効為替レート（指数）で見ると、１９７０年代に暴落したドルは、１９８０年代と２０００年前後に顕著な上下動を示した後、過去10年ほどは再度上昇トレンドに乗って、１９７０年代前半のレベルまで達していることが分かります。

一方の円は、５〜10年周期で上下するものの、全体として眺めれば１９９０年代半ばの頂点に向け１９７０年頃から長期間上昇し、その後は反転して長期間の下降トレンドに入り、特に足下の数年間は急速に下落しています。ドル・円ともに１９７０年代初めのレベルに戻っていますが、強弱は正反対です（図0‐2）。

円はなぜ不人気なのか

本書は通貨の興亡という長期的なテーマを論じるものであり、短期的な為替市場の動向にはあまり触れません。しかし、現在の為替レートの動向は（少なくとも部分的には）主要通貨の構造的な要因を反映しており、それは本書が論じる「通貨への信認」に直結するものですので、為替市場の動きを全く無視してよいということにはなりません。そこで、本論に入る前に、最近の為替動向の背景を少し眺めてみたいと思います。

日々の為替レートの動きは、様々な要因が複合的に影響した結果ですが、数週間、数か月、数年と観察しているうちに大きなトレンドが現われてきます。短期的な動きを説明する要因と長期的トレンドを説明する要因は必ずしも同じではないものの、一定の相関があるのが普通でしょう。それでは、最近のドル高・円安はどのように説明できるのでしょうか？

短期的要因

（1）金融政策

まず真っ先に指摘されるのが、アメリカやEU、イギリスなど他の先進国と円との金利差です。

　2020年からの新型コロナ危機で、世界的なサプライ・チェーンが寸断される一方、想定外の商品への需要が激増しました。医療器具は典型的ですが、リモート・ワークをするためのコンピューター、室内での運動器具、郊外の家なども対象となりました。経済を支え失業を抑えるための財政支出の拡大も、人々の所得を増やすので需要拡大を後押ししました。それに加え、2022年初めにロシアがウクライナを侵攻したことで、エネルギーや食料品の価格が上昇したのは記憶に新しいところです。

　こうした状況で、国際金融危機（いわゆる「リーマン・ショック」）以降インフレ率が低迷したため、デフレ（物価の下落）回避を優先課題としていた欧米の中央銀行は、新たなインフレの発生を歓迎したとまでは言えませんが、当初は危機感を持って早急に対応する姿勢を見せませんでした。

　主要国のインフレ率（消費者物価の前年比上昇率）上昇が止まらない中、アメリカのFRB、ユーロ圏のECB、イギリスのイングランド銀行などはようやく2022年から急速な利上げに踏み切りました。これは、インフレの原因についての見方が変わったためです。当初はサプライ・チェーンの混乱やエネルギー価格の上昇といった、いわば外的要因がインフレの主因との見方が強く、そのような事情が緩和されればインフレも落ち着くだろうと考えられていました。ところがインフレが長期化し、それにつれて賃金の引上げも進み、あるいは新型コロナ収束後の「リベンジ消費」の動きもあったので、旺盛な需要を減速させないとインフレは低下しない、との考えに変わってきたのです。原理的には、中央銀行が政策金利を引き上げる（「金融引締め」）と、市中銀行からの貸出金利などが連動して上昇しますので、銀行から資金を借りたい人や企業が減って、結果として消費や投資が伸びずに需要が減速し、物価上昇圧力の低下が期待できるわけです。

実際に、その後インフレ率は需要と供給双方の理由から減速してきましたが、中央銀行は利下げに慎重な姿勢を維持しており、2024年半ばの段階でアメリカの政策金利は5・25%～5・5%です。一方、日本でもインフレ率が4%前後まで上昇したことを受け、日銀が2024年3月に政策金利を0・0%～0・1%に引き上げました。日本ではそれ以前はマイナス金利を維持して、市中銀行からの融資拡大（それによる需要増加→物価上昇）を目指していたのですが、インフレ上昇に応じてマイナス金利の使命が終わったと判断されたのでした。

それでも投資家にしてみると、短期の投資でもドル建てであれば（年率）5%程度のリターン（収益）が期待できる反面、円ではゼロです。日本人投資家が円を売ってドルを入手し、ドル資産に投資しようとするのは自然ですし、さらに海外の投資家も、金利の安い円を借りた上でそれをドルに交換してドル資産に投資しようとするでしょう（「キャリー・トレード」）。つまり金利差が大きいため、投資家が円を売ってドルに換える動きが増え、それが円安につながっているということです。

とはいえ、為替の動きは中央銀行の政策金利だけで決まるわけではありません。通貨危機に陥った国は往々にして金利を引き上げますが、それでも為替レートの暴落を防ぐことができなかった例は無数にあります[7]。いくら金利が高くても、ほとんどの投資家は信認が揺らいでいる通貨を敬遠してしまうためです。

（2）貿易・サービス収支

貿易黒字国は、輸出によって得た外貨の方が輸入のために調達する外貨よりも多いはずですので、手許に外貨が残ります。それを国内の賃金支払いなどに充てるためには、外貨を売って自国通貨に換える必要があります。つまり貿易黒字国では、自国通貨の為替レートに上昇圧力がかかると想定されます。ただし、これはあくまでも単純な見方であり、実際には輸

7　1992年に金融危機に陥ったスウェーデンは、金利を500％に引き上げますが為替レートの防衛に失敗して通貨クローナが暴落し、変動相場制に移行しました。

出入の通貨建て（どの通貨で価格表示をするか）などにより、黒字の為替レートへの影響は異なります。

ここ数年のエネルギーや食料品価格の上昇は、これらの品目を輸入に頼る日本にとって、輸入金額を拡大させる効果を持っています。加えて、自動車など工業製品の海外生産の増加や、東日本大震災に伴う福島第一原発事故以降のエネルギー輸入増など、構造的な変化もあります。その結果、かつてのようにほぼ恒常的に貿易黒字を記録していた時代とは異なり、日本経済は貿易赤字になりやすい体質になったと思われます。

同様に、サービス収支は旅行や特許など無形の取引の収支ですが、日本では恒常的に赤字（すなわち、対外的な支払いが多い）です。特に最近はクラウド・サービスなど海外ＩＴ企業向けの支払いが構造的に増えており、インバウンド旅行者の増加による増収でも追いつきません。

このように貿易・サービス収支面では、短期的にも構造的にも円安要因が目立ちますし、今後も根強い円安圧力が継続すると見込まれています。

構造的要因

（1）対外債権・債務

最近の日本は、貿易赤字でも経常黒字が継続しています。[8] その理由は、これまで貿易黒字を海外に投資してきた結果、日本が依然として世界最大の対外債権国であり、そこからの収益（利子・配当など）が貿易・サービス赤字を上回る多額に上っているからです。国も家計も、若いうちはビジネスで収入を得ますが、成熟（引退）すると以前の投資からの収益（年金を含む）で生活を立てるようになり、最後は投資・貯蓄を取り崩してライフ・サイクルを終える、との考えがありますが、まさに日本は国としても老境に差し掛かったということなのでしょう。

いずれにせよ、海外からの収益で暮らすとなると、海外で獲得した外貨建ての収益が国内に流入して円と交換されるのですから、円高圧力が続きそうです。しかし、海外投資からの収益が経常収支の一部となるのはあくまでも会計上の整理です。実際には円に交換されずに現地でそのまま再投資される分が約半分を占めるため、国内に流入する額は限られており、円の為替レートを上昇させる力はそれほど強くないと言われます。つまり、日本の経常収支

8　経常収支は、自国と海外との間で行われる、モノの貿易に伴う資金の収支、サービス業を提供することで発生する支払い・受取りの収支、投資や融資への配当や利子の支払い・受取りの収支などをすべて合算したものです。経常収支の黒字は、国内に資金が余っている（貯蓄過剰）ことを示しますので、それは外貨準備の形で保持されるか、海外に投資されて利子や配当を得ることになります。

黒字は、円高要因としてそれほど効いていないということです。

なお、世界最大の対外債務国であるアメリカは、海外投資家に対して利子や配当を払い出していますが、そのほとんどはドル建てで行われるため、それだけではドルの為替レートへの影響はほとんどありません。前述のように、それを受け取った側がそのドルを自国通貨に交換するかどうかがポイントになります。

（2）投資家への魅力

短期的な株高などは海外から投資資金を惹きつけます。現に、若い世代を中心に日本からアメリカの株式市場への投資が増加傾向にあると言われていますので、足下ではそうした動きが円安方向に働いている可能性があります。

より長期的にみると、安定的に成長して収益機会が高いだろうとの予想が立てられる国へは順調に投資資金が流入するでしょう。戦後世界経済を牽引したアメリカは、製造業→金融業→IT→エンターテインメント→AIと、次々に得意分野を一新させ、一貫して世界経済の方向性を示し続けるイノベーションの旗手でしたので、アメリカ経済に他国を上回る収益機会があると人々が認識することは自然です。その結果、短期的には景気動向による上下はあるにせよ、ドルはコンスタントに世界中からの資金流入を受け入れ、それがドル価値を下支えしているのです。

そして、ドル価値が安定していることが、一層海外投資家への安心感をもたらします。アメリカは１９８０年代半ば～１９９０年代半ばの約10年間、明白なドル安政策を採りました。それは、ドル安によってアメリカ国内で生産した工業製品の輸出競争力を高めようとしたからです。しかし、１９９０年代後半に財務長官を務めたロバート・ルービンは、アメリカの貿易赤字が増えているにもかかわらず、ドル高政策へと転換します。彼は製造業の復権ではなく、海外投資の呼び込みによるアメリカ経済再建の道のりを志向したと言われます。ドル建て資産に投資した海外投資家は、ドルが強くなって投資価値が（自国通貨建てで）上昇することを歓迎するものです。そのことをルービンが理解していたのは、彼がウォール街（ゴールドマン・サックス）出身であったことと無関係ではないでしょう。一方で、２０２４年選挙での返り咲きを狙うドナルド・トランプ前大統領が、アメリカの貿易赤字を問題視し、ドル安が望ましいと公言しているのは、彼が中西部の農工業地帯を支持層としているためだと思われます。

日本経済は１９９０年代以降長期的に低迷し、人口減少と高齢化が一層深刻化する見込みです。そうした中、海外投資家は最近のガバナンス改革などを高く評価しているものの、かつてのように世界中の人々の生活を一新する革新的な製品やサービスを生み出す力が衰えているとも見ています。また（真偽はともかく）各種の規制が厳しく、新規事業を起こすのに時間がかかるというイメージもあります。世界銀行が集計したビジネス・フレンドリーな国のランキング（２０１９年）では、アメリカは6位、日本は29位です（1位はニュージーランド）。これはビジネス関係者の主観的な見方が強く反映されているので、ランキングの順位にそれほど意味はないにせよ、海外から日本がどのように見られているかの参考にはなります。

（3）国際金融秩序の中でのドルの重要性

後に詳述しますが、第二次世界大戦後、長期にわたって国際金融秩序はドルを中心に構築・運営されてきました。その結果ドルは一種の「公共財」的な地位にあり、恒常的に根強いドル需要があります。一方で、円は主要な通貨の一つではありますが、国際金融秩序に不可欠というほどのプレゼンスを持つには至っていません。

（4）信認

一般的に投資家は投資に伴うリスクに敏感ですので、政治・経済上のリスクが高まれば、資金をより安全で換金性の高い資産（金《きん》、国債、現金等）に移すでしょうし、そうした資産も相対的に最も安定した国・地域に求めるでしょう。安全性が高いと認識されている通貨を「セイフ・ヘイブン・カレンシー（safe haven currency）」と呼び、かつてはドル、円、スイス・フランがその代表でした。

現在、ロシア、中東、東アジアなどで地政学的対立が顕在化し、国際情勢が不透明化していますし、今後長期にわたって米中や米ロの対立が予想されています。こうした中、リスクを避けようとすれば、ヨーロッパやアジアの通貨ではなく、政治的・軍事的なリーダーであるアメリカのドルに資金を移す動きは自然でしょう。

こうして見ると、構造的要因と短期的要因の双方から足下ではドルの人気が高まっているのに比べ、円は①イノベーションに基づく収益機会がアメリカに比べて劣っていると受け止められていること、②円の国際的な利用が限定的なこと、③円を巡る東アジアの地政学的状況に漠然たる不安感があること、などの構造的要因が通奏低音となり、その上に金利差や貿易赤字といった短期的要因が加わって円安になっていると思われます。

もっとも、筆者は円に対する信認が下落しているとは考えていません。もし、手許の一万円札が大きく価値を失うと思ったら、誰でも円を手放して、価値が維持されるような他の通貨や資産（金、不動産、美術品、等々）に我先に交換しようとするはずです。万一そのような事態が生じたら、「日本沈没」です。当然、日本経済に与える打撃は計り知れません。それを避けるため、常にリスクの芽を摘《つ》んでおくのは、政府・日銀の大事な役目です。

為替レートの変動は、現在の世界中で常に起こっていますし、その要因は様々ですが、長期的に「強い通貨、弱い通貨」を分けるのは構造的要因であり、その中でも信認が重要です。信認は目に見えませんし、具体的な説明も往々にして難しいですが、特定の通貨とそれを発行する国家への信頼感が揺らぐと、市場におけるその通貨の人気が低下し、価値が損なわれていきます。信認を勝ち取るのは難しく、失うのは簡単です。まして、国際金融・通貨秩序の中心として機能する覇権通貨となるためには、長期にわたる信認が不可欠でしょう。信認の歴史的な移り変わりや今後の見込みを論じるのが本書のテーマである所以です。

国際通貨秩序の中心にあるドル

好むと好まざるとにかかわらず、現在の世界経済には、国境を越えた貿易や投資の流れが不可欠です。もし鎖国を選べば、それは生活水準の低下を甘受することを意味するでしょう。気候変動対策等の観点から、そのような方向を望ましいと考える人々もいるかもしれませんが、反対する人々も多いはずです。

そのような国際的な経済関係をある程度円滑に機能させているのが、ドルを頂点とする国際通貨の秩序であり、ドルが金融（それはしばしば血流になぞらえられます）を通じて各国を循環しているイメージです。そのため、日本国民にとって円の価値の安定が重要なように、国際社会ではドルの価値の安定が重要です。

かつてのブレトン・ウッズ体制は、ドルを中心とした通貨体制を法的に（国際条約によって）確立していました（第三章）が、1971年に同体制が崩壊した後は、ドルに与えられた特別な地位が消滅した結果、国際的な経済・金融取引の際、各国政府や企業は自由に通貨を選ぶことができますし、現にそうしています。それでもドルの利用は他を圧倒しています。それはなぜでしょうか？　その理由を理解することが、最終的に「ドルを殺す者」は誰か、という質問への大きなカギとなるでしょう。本書がこれから展開する議論を先取りして言えば、ドルが覇権を維持することは、アメリカにとってどのような意味があるか、そして他国にとっての意味は何か、という相互に関連する二つの側面からその答えを考えていく必要があると思います。

アメリカにとってのドル覇権の意味

まず前者の側面を考えましょう。

ある通貨が基軸通貨ないしキー・カレンシーとなることは、その国にメリットとデメリットをもたらします。経済的なメリットとしてまず指摘されるのは、為替リスクの軽減です。アメリカ企業は多くの場合ドル建てで海外ビジネスを行えるので、例えば自動車の輸入契約を結んだ時から実際に納車されるまでの間にドル安になっても、ドル建ての支払い額が変動することはありません。一方で、トヨタやフォルクスワーゲンは、契約した額のドルを受け取っても、自国通貨に換算すれば（ドル安の結果）手取りが目減りしてしまいます。アメリカ側にしてみれば、取引の為替リスクは先方（海外の自動車会社）が負っているということです。[9]

また、安全な運用をしたい海外の投資家がドル建ての資産を積極的に買ってくれるので、債券市場などに流入する資金が増えるため、金利水準が低下して景気を下支えするメリットも指摘されます。[10]

デメリットとしては、多額のドル資金が海外に滞留しているため、自国での金融政策（利上げ・利下げ）の効果が低下する（この点については異論もあります）とか、米国民が為替リスクを考えずに収益期待の高い海外投資に資金を向けてしまうので国内投資が減って国内産業が空洞化するといった指摘があります。

しかし、自国通貨が覇権通貨であることの意味を、このように経済的な視点のみで議論するのは不十分で、やはり政治的な側面に留意すべきです。国際経済・金融秩序の中で自国通貨が重要な地位を占めることと、国際政治の中で自国が政治的・軍事的に覇権的地位を占めることは同一ではありませんし、必要・十分条件でさえないかもしれませんが、強い相関関係があることは否定できません。特に、自国通貨が特別の役割を担うことで生じる経済的、政治的、その他のコストやデメリットを引き受けるとの覚悟が示されることで、他国は安心してその国の通貨を利用するようになると思われます。[11]

その意味で、経済的にいかに重要な通貨であっても、その国の政治的な意思がなければ、真の意味で基軸通貨やキー・カレンシーにはなれないのではないでしょうか。筆者の考えでは、第一次世界大戦後に英ポンドが凋落《ちょうらく》した後、第二次世界大戦を経てアメリカが世界経済における覇権的な地位と責任を受け入れる決断をするまでは、ドルは基軸通貨となっていな

9　実際の取引では、輸出者（トヨタやフォルクスワーゲン）は為替変動の影響を限定するために「ヘッジ」という手法を用いるのが普通ですが、ヘッジにはコストがかかりますので、最終的にはアメリカ国内での現地生産を選んで為替リスクを解消しようとするかもしれません。

10　国債や社債を購入する需要が強ければ、発行する側は低い金利を付しても売れますので、債券の金利水準が低下します。

11　後述のように、他国の金融市場でドルが逼迫して危機的状況に陥った際、ＦＲＢは主要な市場にドルを供給する決定を行いました。世界的な金融市場の混乱が米国に悪影響を及ぼすのを避けるという利己的な動機も当然あったはずですが、ドルの供給主体として、利他的動機から責任を負ったと解釈できます。

かったと考えますし、同様に、ブレトン・ウッズ体制崩壊後もアメリカが自らを覇権国と自任し続けていることで、ドルのキー・カレンシーとしての地位が揺らいでいないと思います。トートロジー（循環論法）的ですが、アメリカはドル覇権に伴うコストを引き受けることで国際政治上の覇権を維持することができ、その政治的な覇権の結果、ドルへの信認が維持されドル覇権が継続していると考えます。ドル覇権はアメリカにとって大きな政治上のメリットです。

他国にとってのドル覇権の意味

後者の側面、すなわちドルが覇権通貨であり続けることの他国にとっての意味とは、国際金融・通貨秩序を機能させる主導的責任を負う必要がない、ということです。言い方は悪いですが、ドルが用意してくれる安定的な環境の下で、特にコストを負わずにメリット（収益）を追求できる、と言い換えてもいいかもしれません。

その延長線で考えると、キー・カレンシーの仲間入りをするには、その国がコスト負担を引き受けるという明示的な政治的ステートメントを行う必要があるのではないでしょうか。事実、日本国政府は「円の国際化」を政策目標とするにあたって、それは経済力に応じた国際的な役割分担として必要なものだ、と宣言しました（第六章）。今後、中国の人民元がキー・カレンシーとして育っていくか（あるいは新システムを打ち立てて、その心柱である基軸通貨となるか）は、この政治的意思にかかるところが大きいと考えます（第七章）。

ドル覇権の淵源

ブレトン・ウッズ体制下、基軸通貨のドルは約25年間国際経済・金融を心柱として支え、ブレトン・ウッズ体制崩壊後も現在に至る約50年間、覇権通貨としての地位を維持してきました。その権威の淵源は、アメリカが覇権国家として自由主義体制の国際秩序を維持するという強い政治的コミットメントを繰り返し示したことにあります。他方で、アメリカの経済力が相対的に低下しながらも、そのようなコミットメントを維持できたのは、ブレトン・ウッズ体制後の国際通貨秩序が極めて柔軟なもの（変動相場制）だったからです。ポンドは、硬直的な「現場」（金本位制）に斃《たお》れましたが、ドルは「現場」を柔軟にすることで生き延びたのです。

ここまでくれば、本書の主張は明らかでしょう。

ドルが覇権を維持できるか否かは、アメリカが政治的なコミットメントを堅持し、他国がそれを信じるか否か、にかかっていると考えます。同様に、ドル以外の通貨が覇権を握るには、同じような政治的コミットメントが宣明され、それを他国が信じた場合にのみ可能となるはずです。もしドルの信認が低下し、他の通貨がそれを補うだけの信認を勝ち得ることができなかった場合、国際経済・金融秩序は混乱に陥ることになるでしょう。

第一章

幼年期の終り

ドルの誕生

我々はドルが覇権通貨である日常に慣れていますが、自他ともに認める世界で最も重要な通貨ドルはどのように生まれたのでしょうか？

ドルは最初から「強い通貨」であったわけではなく、むしろ「弱い通貨」を希求する国内勢力の方が有力だった時期が長く続きました。第二次世界大戦直前まで、アメリカがドルを国際金融・通貨秩序のリーダーにするのを拒み続けた一因にも、ドル安への選好があったと思われます。本章ではドルを巡る歴史的な政治対立を概観し、そうした対立が今日まで存続していること、従って潜在的には再度アメリカがドルの主導的役割を拒否する可能性があることを論じていきます。

独立以前の状況

まだシェークスピアが戯曲を発表していた17世紀初頭以来、約120年にわたって北米大陸に徐々に設けられた13の植民地（図1-1）は、英国の政治・経済体制の中に組み込まれ

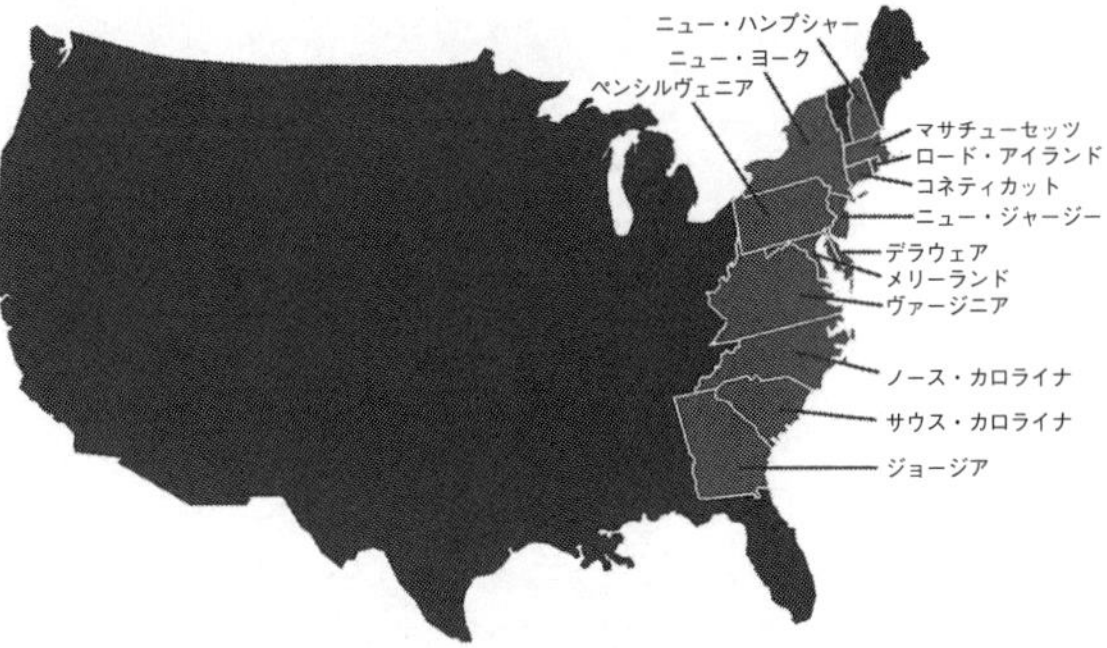

図1-1　13の植民地

ていました。従って、そこでの通貨単位は本国と同じ、ポンド・シリング・ペンス制（1ポンド＝20シリング、1シリング＝12ペンス）でした。しかし植民地内で流通する貨幣（コイン）は数が圧倒的に不足していたため、日常の取引は物々交換か、あるいは特定の商品（小麦、タバコ、ビーバーの毛皮等）を通貨のように用いて行われていました。また、現地に先住していた人々（ネイティブ・アメリカン）が用いていた、貝殻を数珠つなぎにしたもの（ワンプン）を、入植者間でも貨幣代用品として活用していました（図1‐2）。当然不便ですし、商品価値が上下すれば通貨の価値も不安定となったでしょう。

　流通する貨幣が不足しているのですから、植民地内で貨幣を鋳造すればよいのですが、それは本国が許しませんでした。現代風に言えば、通貨主権は中央政府に帰属する、ということです。確かに、遠く離れた植民地で品

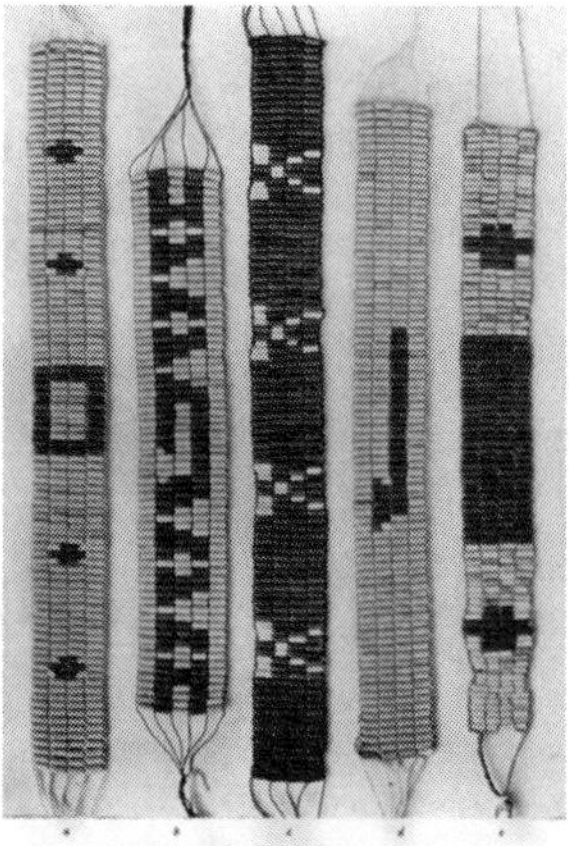

図 1-2　先住民が用いていたワンプン

質の保証できないポンド貨幣が生産されるのを望まない気持ちは分かりますが、現地住民の不便が視野に入っていないのは明らかです。それに、仮に植民地内で金貨や銀貨が鋳造されたとしても、植民地は英本国に対して貿易赤字を抱えていたので、本国からの輸入品の代金支払いで植民地から貨幣が流出してしまい、硬貨不足は解消しなかったでしょう。植民地では硬貨があまりに不足していたので、硬貨は額面以上にプレミアムを付けて流通したそうです。

硬貨不足を解消するためそれぞれの植民地は独自の証券（紙幣）を発行します（図1‐3）。証券は、植民地政府から法貨（正当な債務支払いと認められる通貨）の地位を与えられ、租税やその他の公的な支払いに用いることができましたので、民間の取引でも通貨（マネー）と同

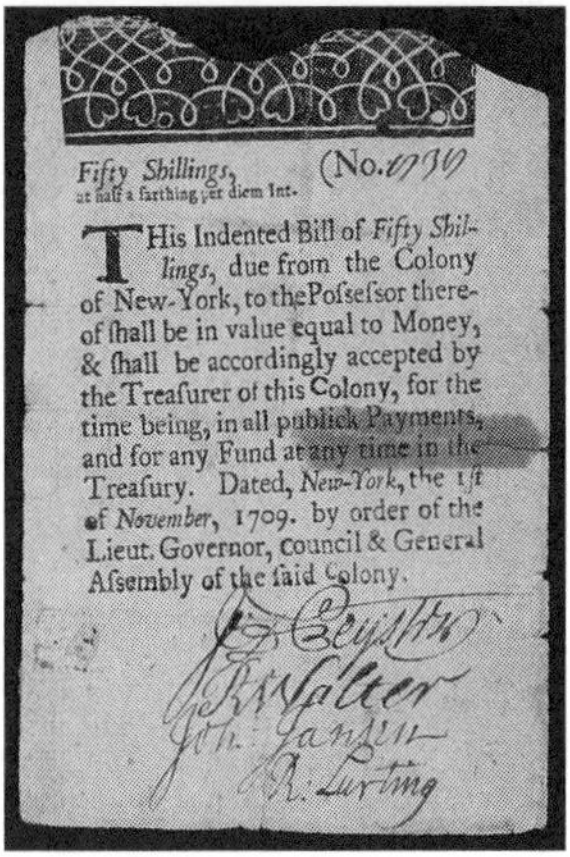
Fifty Shillings, (No.
at half a farthing per diem Int.

THis Indented Bill of Fifty Shillings, due from the Colony of New-York, to the Poſseſsor thereof ſhall be in value equal to Money, & ſhall be accordingly accepted by the Treaſurer of this Colony, for the time being, in all publick Payments, and for any Fund at any time in the Treaſury. Dated, New-York, the 1ſt of November, 1709. by order of the Lieut. Governor, council & General Aſsembly of the ſaid Colony.

図 1-3　ニュー・ヨーク植民地が 1709 年に発行した 50 シリング証券

様に使われました。英本国の商人はそのような証券で代金を支払われるのを好まず、英国議会は何度か使用範囲を制限しようとしますが、現場の状況も分からずに不便を押し付けるのか、という不満を高めたのは想像に難くありません。それが植民地を独立に向かわせた一因であるとも言われています。

植民地の発行する証券は、ヴァージニアのように一定品質以上のタバコで裏付けしたり、ペンシルヴェニアのように土地を担保にしたものもありましたが、一般的には各植民地の政府への信用力のみが価値を支えていました。従って、発行数があまりに増加した植民地では、価値が目減りしてインフレを招くのみでした[12]。

やがて植民地とカリブ海の西インド諸島との貿易が増加し、またスペイン本国とアメリカ大陸のスペイン植民地の間を往復する商船への海賊行為などで、スペインのコインが植民地に流入してきます。それによって、取引が容易になったのは言うまでもありません。スペインの通貨単位はレアルですが、8レアル銀貨はペソと呼ばれ、またドル（ドレラ）とも呼ばれました。こうしてスペイン産のコインが取引でよく使われるようになったのですが、植民地の通貨単位は依然としてポンド・シリング・ペンスですので、この「ドル」とポンドとの交換比率が問題になります。

そもそも、当時のコインは含有される金や銀の量によって価値が定まっていました。例えば、我々が普段使う百円玉は銅とニッケルの合金でできていて、原価は15円ほどだそうですが、当時のコインは金や銀をコインの形にしただけなので、当然額面と原価が（ほぼ）一致します。そのため、各国で造られたコインでも、含有する金・銀の重量によって簡単に換算することができました。

そこでスペイン・ドル貨幣に含まれる銀の含有量で計算すると、1ドルは英国本国の4・6シリングになりましたが、植民地のシリングは本国のシリングよりも低く評価されていたため、例えばジョージアでは1ドル＝5シリング、ニュー・ヨークでは1ドル＝8シリングなど、植民地によって為替レートが異なっていたようです。

独立戦争中の混乱

欧州を二分した七年戦争が１７６３年に終わると、勝者である英国は財政再建のためにアメリカ植民地に次々と新税を導入しました。植民地側が「代表なければ課税なし」とのスローガンでこれに強く抗議したのはよく知られています。対立が激化し、英国の駐屯軍とアメリカ側の民兵との小競り合いが高じて、最終的に独立戦争が１７７５年４月に始まると、アメリカ側では戦費の調達が大問題になりました。各植民地は引き続き証券を発行しましたが、植民地側全体として、１７７５年の大陸会議（コンチネンタル・コングレス Continental Congress：13植民地の代表者が集まる事実上の最高意思決定機関）で、金銀や商品の裏付けのない証券の発行を決定します。第二次世界大戦中に日本軍が占領地域で発行した軍票のようなものですが、最初のドル紙幣と呼んでよいでしょう。今の紙幣に慣れた目から見ると、かなり「ちゃちい」紙切れです。表面にはこの紙片の価値が記されています。例えば、次ページに掲げた例（図１‐４）では、「この証券の保有者は、１７７５年5月10日にフィラデルフィアで開かれた会議の決議に基づき、スペインで鋳造されたドル３枚、あるいはそれと

12　Owen F. Humpage, "Paper Money and Inflation in Colonial America", Federal Reserve Bank of Cleveland, 2015.

図 1-4　大陸会議によって発行された証券の例

同等の価値の金または銀を受け取る権利がある」と書かれています。横の絵は、鷲（英本国）に圧迫されて反抗する鶴（植民地）を表わしているそうです。

　大陸会議によって発行された紙幣はコンチネンタル（Continental）と呼ばれました。独立戦争が長期化するのに応じて次々と発行され、結果的には高インフレを招いたのみで、コンチネンタルは無価値の紙切れとなりました（それも軍票と似ています）。これは住民から商品やサービスを強制的に収容したのと同じことです。当時、住民に課税する権限は州のみにあって、大陸会議は課税権を持たなかったのですが、コンチネンタルは実質的には独立戦争遂行という目的のための税となったのでした。

　もちろん、独立戦争の費用は、それだけでは賄えません。フランスやオランダ、スペインから資金を借りたのですが、アメリカ側の財務基盤は弱く、フランスに対しては一時債務不履行になってしまいました[13]。それでも、当時の覇権国である英国に対抗するヨーロッパの主要国が、官民で資金援助をしてくれたのは幸いでした。日本政府がロンドンやニューヨークで国債を発行して資金調達できなければ日露戦争に負けていたかもしれないのと同様、アムステルダム市場での起債（公債発行）ができていなければ、アメリカの独立は成功していなかったかもしれません。２０２２年以降のウクライナに対する欧米からの資金支援を見ても、戦費調達の重要性は古今東西を通じた真実だと思います。

独立後の大きな課題

１７８３年に合衆国の独立が正式に認められると、健全な通貨体制の確立が課題となります。しかし、その後の１００年あまりは、投機と恐慌が繰り返し発生し、むしろ混乱の渦中から抜け出せなかったというべきでしょう。「ドル」という通貨に着目すると、紙幣が発行されては価値を失う、という動きと、金と銀の間の交換比率が変動することで硬貨が市中か

13　その後１７８９年の憲法制定により課税権を得た連邦政府は、フランスに対する債務支払いを再開し、公的債務をアムステルダム市場で調達した民間債務によって返済して、ついに１７９５年に外国政府からの債務を完済できました。https://history.state.gov/milestones/1784-1800

ら不足してしまう、という二つの大きな流れがありました。

紙幣の変遷

まず紙幣について見てみましょう。

(1) 18世紀末〜19世紀初頭:ハミルトンの理想は分権派により葬られる

政治対立の起源

1785年の大陸会議は、建国の父であり後に第3代大統領となるトマス・ジェファソンの提言に沿って合衆国の通貨単位をドルとし、十進法を採用することを決議しました。つまり英本国の通貨体制から完全に決別したことになります。それを受け、アレクサンダー・ハミルトン財務長官(初代)は1792年に貨幣法を成立させます。これにより、通貨単位がドルであることが正式に法定されました。

ドルの価値は当時流通していたスペイン・ドル硬貨と同一と定めます。そのため市場のスペイン・ドル硬貨を無作為抽出して平均を取り、1ドルは銀371¼グレイン(約24グラム)と決定します。また、当時の金と銀の交換比率(1:15)から、1ドルは金24¾グレイン(約1・6グラム)とも定められました。つまり、金と銀の双方によってドルの価値を定める「複本位制」を採用したわけです。ハミルトン本人は金だけによってドルの価値を定める金本位制が望ましいと考えていたようですが、金の流通量が少なかったために、現実的解決として複本位制を採ったと言われています。いずれにせよ、ドル・コインの十分な鋳造が進まない状況ですので、相変わらず外国のコインが流通し、法貨の地位を認められていました。

ハミルトンは合衆国銀行(Bank of the United States：後のものと区別するため、通常「第一合衆国銀行」と呼ばれます)を設立します。この銀行は連邦議会によって設立され、連邦政府と民間投資家が株主となりました。政府の財務を管理するのみならず、政府への貸付けや紙幣の発行を行い、また民間商業銀行としての業務(預金・融資)も行いました。現在の中央銀行とは異なり、市場の金利を上下させて景気を刺激したりインフレを抑制したりする金融政策は行いません。

ジェファソンやジェームズ・マディソン(後に第4代大統領)は、憲法が連邦政府に明示的に銀行設立の権限を与えていない以上合衆国銀行は違憲である、中央に銀行がなくても各州で州法に基づき民間銀行(州法銀行)が設立できるので不便はない、と主張しましたが、ハミルトンは、憲法は連邦に与えた特定の権限を遂行するために「必要かつ適切な」立法をする一般的な権限を連邦議会に与えていると解釈すべきだ、従って連邦の活動をスムースにする効果を持つ銀行の設立は合憲であると反論しました。結局ジョージ・ワシントン初代大統領がハミルトンの側に立ったことで、合衆国銀行は成立しましたが、この対立は、アメリカという国家さらには民主主義をどのように捉えるか、という現代まで続く問題を内包しています。

ハミルトンが、合衆国を各州の単なる集まりでなく、中央政府の権限強化を通じて国家として成長させていくことを目指した一方、ジェファソンら南部の名門・大地主はあくまでも州の自治に重きを置き、ハミルトンの思考はイギリス風の独裁（国王による親政）につながるものだと強く反対しました。連邦議会に一般的権限を与えるハミルトンの考えに従えば、議会は「自らが良いと思えばどんなに邪悪なことでもできる」ことになってしまうとも批判しました。秩序と効率を求めるハミルトンに対し、ジェファソンは「非常に活動的な（energetic）政府は支持しない」と語り、民衆の自治と自由を重視しました。現代政治の文脈でいえば、福祉や規制などに政府の役割を重視する民主党がハミルトン的、政府の介入を嫌って自己責任と競争を重視する共和党がジェファソン的な伝統を引き継いでいるようです。

通貨の混乱

さて、当時急速に設立されていた州法銀行は、現代の目から見ると信じられないほどいい加減なビジネスを行っていました。ジェファソンが銀行業を「窃盗の無限の連鎖」と呼んだのも理由がないことではありません。

銀行は融資額にあたる銀行券を借り主に手交するので、個々の州法銀行が独自の銀行券（＝紙幣）を発行するのは、いわば通常業務です。しかも開拓のため資金需要は旺盛なので、競うように紙幣が乱発されました。そうした紙幣を商品の購入代金として提示された商店主などはさぞ困ったことでしょう。銀行は銀行券の保有者の要請があると、銀行券を正貨（価値のはっきりしている金貨や銀貨）で償還しなければなりませんでしたから、商店主などが受け取った紙幣を急いで発行元の銀行に持ち込んだことは想像に難くありません。一方銀行の側では、なるべく銀行券の償還に応じないために、わざわざ人里離れた山の中に本店を置くなどしてあえて不便にしたようです。[14] また、地方政府も、陰に陽に償還のハードルを高めて、銀行を助けました。

こうして信用力の定かでない紙幣が大量に発行され流通したのですから、当然経済活動は混乱したはずです。そうした中、第一合衆国銀行は、州法銀行の発行する銀行券を受け取る

14　こういう銀行は山猫銀行と呼ばれました。

	銀行券	正貨	正貨／銀行券（%）
第一合衆国銀行	5,400	5,800	107.4
州法銀行（88 行）	22,700	9,600	42.3

表 1-1　第一合衆国銀行と州法銀行の主要勘定、1811 年 1 月 1 日（単位：千ドル）（出典：片山貞雄『ドルの歴史的研究：生誕より連邦準備制度まで』ミネルヴァ書房　1967 年　61 頁）

とその発行元の州法銀行に対して償還を要求するなどして、州法銀行が紙幣発行に一定の規律を維持するよう努めました。他方で自らは保有する正貨の範囲でしか銀行券を発行しなかったため、第一合衆国銀行の紙幣はその価値を維持しました。第一合衆国銀行と州法銀行の銀行券がどれくらい正貨で担保されていたか（準備率）を見ると、その違いは明らかです（表１‐１）。

現代の感覚では、安定した紙幣の供給に明らかに成功した第一合衆国銀行を高く評価し、州法銀行は清算していくのが当然だと思われます。しかし、そうはなりません。それは州の権利を重視し、第一合衆国銀行のような連邦の機関に猜疑心を持つジェファソン以来の民主共和党（Democratic-Republican Party）が圧倒的な力で政権を握っていたためです。

新しい国の在り方、といった高尚なレベルを離れて、農産物価格の低迷に苦しむ農民層は、容易に融資を行ってくれる銀行（すなわち州法銀行）を求めており、州法銀行に規律付け（すなわち融資量の制限）をする第一合衆国銀行を批判するジェファソンたちを熱烈に支持しました。

また、第一合衆国銀行は英国人を中心に外国人の株主が多かったことから、米国の利益を外国人に売り渡していいのか、といった愛国主義的な批判も根強くありました。第一合衆国銀行は1791年の設立時に、20年間の期限付きの免許を与えられていましたが、こうした批判を受け、免許の更新を上下両院が認めずに、マディソン大統領の下、あえなく1811年に営業を終了してしまいました。

(2) 19世紀前半：ポピュリズムの興隆で通貨安定は遠のく

第二合衆国銀行の設立

歴史上の出来事は、後から振り返ると「間の悪い」タイミングで行われることが多々あります。第一合衆国銀行の廃止もまさにその一例です。1811年の銀行の清算を受け、政府は株主（その多くは英国人）に株式代金として700万ドル以上を送金しなければならず、また合衆国銀行の銀行券保有者に正貨での償還もしなければなりませんでした。他方、丁度その頃には米国の対英感情が悪化しており、1812年には米英戦争が勃発します。米国の連邦政府は、まさに戦費が必要な時に正貨を払い出し、敵国（英国）の国民に送金し、政府に資金を融資してくれる最有力の銀行を閉じたのでした。

一方、曲がりなりにも州法銀行に規律付けをしていた第一合衆国銀行が廃止されたので、

	銀行券	正貨	正貨／銀行券（%）
第二合衆国銀行	3,589	3,393	94.5
州法銀行（307 行）	40,600	16,700	41.1

表 1-2　第二合衆国銀行と州法銀行の主要勘定、1820 年（単位：千ドル）（出典：片山貞雄『ドルの歴史的研究：生誕より連邦準備制度まで』ミネルヴァ書房　1967 年　68 頁）

州法銀行はますます銀行券を乱発します。１８１１年の紙幣発行残高は、第一合衆国銀行と州法銀行を合わせても２８１０万ドルだったのが、１８１６年には州法銀行だけで６８００万ドルも発行していました。州法銀行が次々と設立され、偽造紙幣や更には全く存在しない銀行の銀行券まで流通しますので、何が何だか分からない、という状態だったはずです。実際、州法銀行の銀行券は割り引かれて受け取られることが珍しくなく（つまり額面が5ドルでも3ドル分しか商品を買えない、といったこと）、州法銀行間の健全性の区別もできないので、割引率も恣意的だったようです。

第一合衆国銀行に反対していた人々も、さすがに失敗したと思ったのでしょう。マディソン大統領も改心して、１８１６年にほとんど同じ仕組みの銀行が設立されました。第二合衆国銀行です。

営業が軌道に乗ると、第二合衆国銀行は州法銀行の銀行券の償還を求めるなど、再度規律付けを行いました（表１‐２）。しかし、アンドリュー・ジャクソン第7代大統領による政治的な圧迫を受け、やはり20年の免許を更新することができずに１８３６年に州法銀行に転換した後、廃業しました。

ポピュリズムに乗った大統領

ジャクソンの強い反対は、どこから来たのでしょうか？　彼は南部の貧しい農民の出身で、いわゆる「アウトサイダー」として東部の上流階級（エスタブリッシュメント）に反感を持っていたと言われます。銀行は裕福な資本家が恣意的に誰に融資をするか決めていて不公平だ、と信じており、また手形や銀行券のような「紙」は信用できないので、取引は硬貨で行われるべきだ、との信念を抱いていたそうです。その背景には、若い頃に土地を売った際、買主から受け取った手形が相手の倒産に伴い無価値になってしまった、との苦い体験があったとも言われています。

なお、第二合衆国銀行の廃止を大統領選の公約としていたジャクソンの側近の一人は、かつて第一合衆国銀行創設を成し遂げたハミルトンの三男（ジェームズ・アレクサンダー・ハミルトン）でした。彼はジャクソン（あるいはかつてのジェファソン）同様、合衆国銀行は違憲だと主張しましたが、偉大な父親のレガシーをどのような気持ちで葬ったのでしょうか。

いずれにせよ、ジャクソンによる第二合衆国銀行に対する徹底的な攻撃は、融資量の拡大やインフレを志向する南部や西部の農民・開拓者の熱狂的な支持を受けました。ジャクソンはポピュリズムの波に乗った最初の大統領と呼ばれますが、2016年に同じく「アウトサイダー」のトランプ第45代大統領がラスト・ベルト（中西部のさびれた工業地帯）の支持に乗って当選した際、「ジャクソンの再来」と呼ばれたのは、理由がないことではありませんでした。

こうして紙幣の信用力は再度失われ、通貨の安定はまた遠のいてしまいました。なお、第二合衆国銀行の廃止は、金融の中心がそれまでのフィラデルフィアから、新興資本の多いニュー・ヨークへと移っていく契機になったと言われています。

（3）19世紀後半：南北戦争後ようやく通貨安定へ

グリーンバックの発行

第二合衆国銀行の廃止後、州法銀行が再度増加していき、またも種々雑多な銀行券が市中に出回ります。1860年時点で、州法銀行券は2億7000万ドル流通していましたが、銀行数は1572行で、銀行券の種類は7000種に上り、そのうち4000種が偽造ないし変造だったそうです。よく西部劇の映画で、銀行強盗や列車強盗が扱われますが、彼らが盗んだ紙幣は、おそらくその多くがほとんど無価値だったのではないでしょうか。

1861年に南北戦争が勃発すると、連邦政府（北部）は戦費を賄うために独立以来初め

図 1-5　グリーンバック、1ドル札

て何の裏付けもない紙幣を発行することにしました。これは、裏面が緑色のインクで印刷されていたため、「グリーンバック（Greenback）」と呼ばれました（図1-5）。緑色を使ったのは、それが偽造されにくい色だったからだそうです。今でも米国の紙幣のことをグリーンバックと呼ぶ習慣がありますが、今の紙幣は必ずしも緑色ではありませんし、デザインも当時と異なります。

最初期のグリーンバック紙幣は金と交換可能でしたがすぐに交換は停止され、その後は金の裏付けのない紙幣として1862～1863年に3回に分けて、1億5000万ドルずつ発行されます。何の裏付けもない紙幣ですから金に対して目減りしていくのはやむを得ません。しかも連邦政府に対する信頼のみが価値の源泉ですから、戦況に応じて評価が上下し、南軍の一部がワシントンDCに迫った1864年夏には額面の3～4割でしか通用しない場面もありました[15]。

通貨の安定に反対する政治運動

南北戦争中、連邦政府は国法銀行の制度を作り、州法銀行による無秩序な紙幣発行を抑制しようとします。国法銀行は州法銀行と異なり連邦法に基づいて設立される銀行で、1864年末までに683行が設立されました。国法銀行は健全性を維持する仕組みの下、当局の監督を受け、適格な資産（国債）を財務省に預けることで、決められたデザインの紙幣を発行することができました。州法銀行券のように、ばらばらのデザインで、どれほど信用力があるのか分からない紙幣と比較して、連邦のお墨付きを得て資産の担保もある紙幣だったわけです。

信用力のある公認の紙幣を導入できたので、連邦は州法銀行券の排除に乗り出します。1864年の法律で、州法銀行券への税率を10％に引き上げた結果、州法銀行券の残高は1867年に400万ドルまで減少し、ようやく州法銀行券問題が事実上解消するに至りました。

また、連邦政府は1866年に資産の裏付けのないグリーンバックの回収も開始します。しかし、州法銀行券と同時にグリーンバックの流通量が減少するわけですから、デフレを激化させるとして農民や労働者の反発を受け、政府は回収停止を余儀なくされます。その後緩やかなデフレが続いたことで、戦後15年ほどたった1879年からグリーンバックを金と交換して回収する措置が再開しました[16]。

南北戦争中は裏付けのない紙幣の流通はやむを得ないとしても、戦後には早急に規律を回復して通貨価値を高めようというのは、健全な経済運営の考え方と言えます。ただし、あまりに性急に進めてしまうと、戦時中に上昇した物価を急速に下落させる結果（デフレ）となりかねません。農産物価格の下落に直面していた農民などが物価の上昇を求めて通貨の安定に反対した動きは政治運動となって、政党（グリーンバック党）までできてしまいました。

硬貨の変遷

ドル紙幣は、連邦と州の権限争い、複雑な銀行制度、エスタブリッシュメントと開拓民・農民・労働者層の利害対立、党派間の政争、経済の好況と恐慌、と国内事情が右往左往する

---

15 Wesley C. Mitchel, "The Value of the 'Greenbacks' During the Civil War", *Journal of Political Economy* Vol. 6, No. 2, 1898.
16 Hu McCulloch, "World War I, Gold and the Great Depression", Cato Institute, August 23, 2018.

のに加えて、ヨーロッパ大陸での戦争と平和の影響を受けて、価値が激しく上下しました。当時生活していた人々の不便は想像を絶するものがあります。

それでは金や銀という安定した価値を持つ硬貨に頼ればよいかというと、それほど簡単ではありませんでした。その大きな理由は、前述のようにドルが「複本位制」を採っていたからです。

金と銀の交換比率は安定的とはいえ、不変ではありません。需要と供給によって、市場では交換比率が変化しますので、公定比率との間に乖離が生じるのはむしろ普通のことです。問題はその乖離が大きくなった場合でした。

例えば、公定比率が金1：銀15である時に、市場では金価格が上昇して金1：銀16で取引きされるとします。すると人々は、銀15枚を当局に持ち込んで公定比率で金1枚に替えてもらい、その金を市場で銀16枚に替えて銀1枚分の利得を得ることができます。一方、金を持っている人は当局に金を持ち込んでわざわざ公定比率で銀15枚と交換するのは損ですので、更なる金価格上昇を見込んで金を退蔵してしまうでしょう。結局当局には銀ばかりが流入し、金が流出してしまいます。

反対に、金の市場価格が下落して銀14枚分の価値しかなくなると、人々は市場で安い金を入手して当局に持ち込み、銀15枚に替えることで利益を得ます。その結果、当局には金が流入して銀が流出します。

このように、硬貨に特定の価値が公定されている場合、その元となる金属（金や銀）の市場価格が公定価格よりも高くなると、その硬貨が市中から消えてしまう現象をグレシャムの法則と言います。有名な、「悪貨は良貨を駆逐する」というものです。19世紀のアメリカでもその現象が繰り返されました。

(1) 19世紀前半：金貨も銀貨も消えてしまう

先述のように、1792年に金と銀の交換比率は1：15と定められましたが、19世紀に入ると銀の生産が増加して、銀価格が目立って下落していきました。それを受けて、フランスでは公定比率を1：15・5に変更します。アメリカは1：15の公定比率を維持していますので、アメリカで銀15と引き換えに得た金1をフランスに運べば銀0・5の利益を得られます。金は海外に流出し、あるいは退蔵されて、金貨は流通から姿を消しました。一方で、米国の銀貨も西インド諸島に流出しました。これは、米国のドル貨の銀含有量がスペイン・ドル貨よりも若干少なかったにもかかわらず、西インド諸島では等価と扱われたためです。その結果国内ではドル金貨もドル銀貨も姿を消し、外国の質の悪い硬貨か、価値の不確実な州法銀行の銀行券が主に流通することになりました（図1-6）。

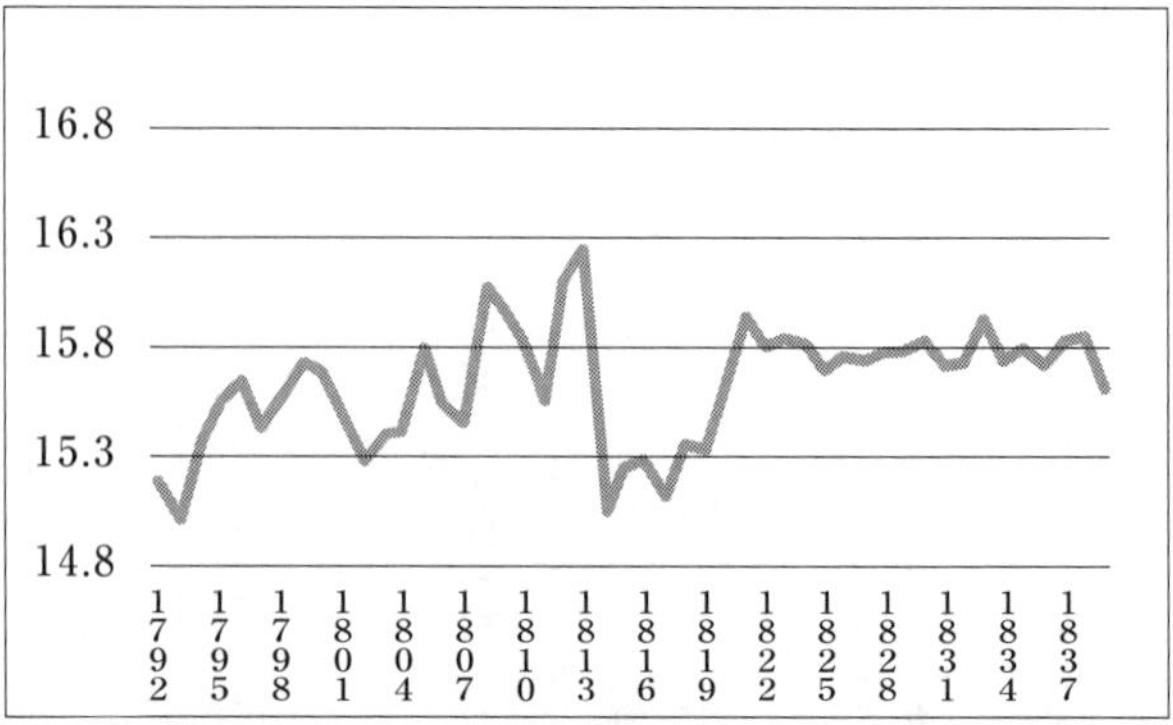

図1-6　金銀の実勢交換比率、18世紀末～19世紀前半（出典：塩谷安夫『アメリカ・ドルの歴史』学文社　1975年　15頁）

（２）19世紀半ば：金の増産で銀貨が消える

金と銀の公定比率を市場の趨勢に合わせようという議論は長期間結論が出ませんでしたが、ようやく１８３４年になって金１：銀16と定められました。これは市場実勢（金１：銀15・８程度）よりも銀を過小評価していましたので、銀が国外に流出します。しかも、１８４８年にはカリフォルニアで金が発見され、また南アフリカなどでも増産されたので、世界全体の金産出量は１８４０年代の年平均３８００万ドルから、１８５０年以降は１億５０００万ドルまで激増しました。金の市場価格はますます下落し（金１：銀15・５程度）、公定価格よりも相対的に高くなった銀は国外に流出して銀貨は国内から消えてしまいました（図１‐７）。

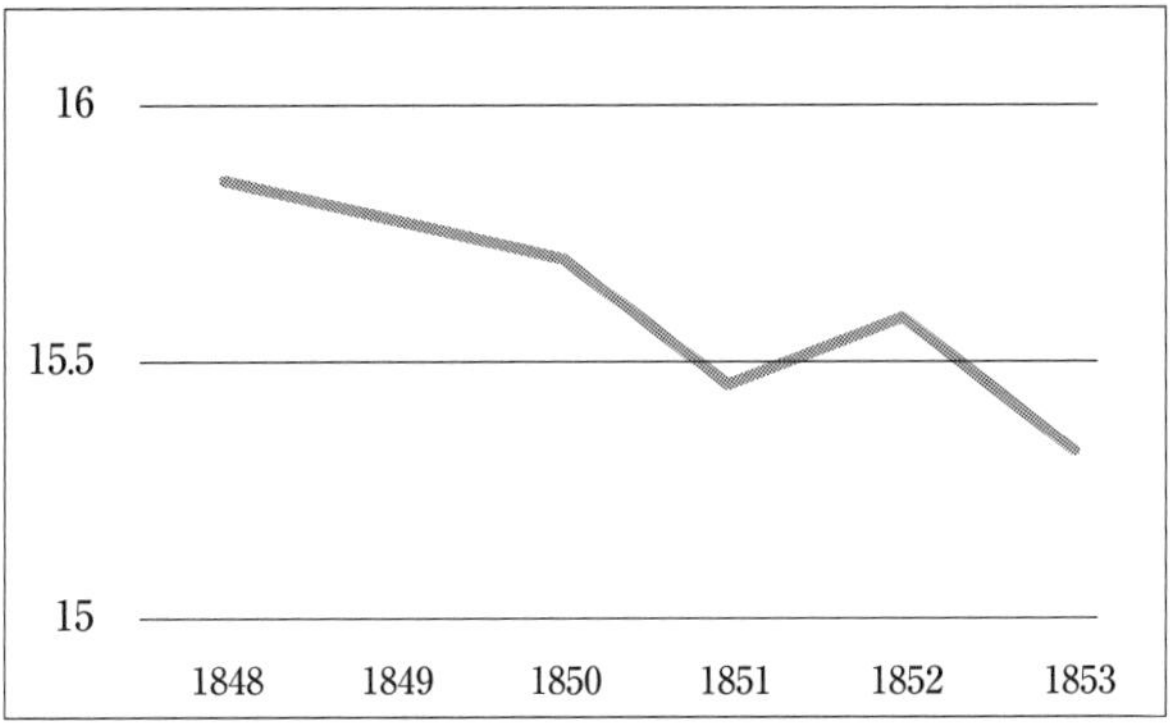

図 1-7　金銀の実勢交換比率、19 世紀半ば（出典：塩谷安夫『アメリカ・ドルの歴史』学文社　1975 年　22 頁）

（3）19世紀後半：金本位制への移行

19世紀後半には、ヨーロッパ諸国が金本位制を導入したことや、ネバダ州で銀鉱が見つかったことから、今度は急激に銀価格が下落しました。米国では1873年に、国内で流通する銀貨の鋳造を廃止する旨が法定され、実質的に金本位制となりました。銀に比べて相対的に高い金を基盤にするということは、ドルの価値が高めで安定することです。もともと「弱いドル」（それは通貨価値の低下、すなわち高インフレを期待する立場でもあります）を選好していた農民層は、相対的に安い銀でドル貨幣を鋳造し、ドル安に導くべきだと怒りの声を上げます。

1896年の大統領選挙では、農産物価格の下落と債務負担の実質的増加に苦しむ農民層の支持が、民主党の若い下院議員ウィリアム・ジェニングス・ブライアン（William Jennings Bryan）に向かいます。彼は民主党大会の演説で、「人類を金の十字架に磔《はりつけ》にしてはならない」という有名な演説を行います。現代の言葉を使えば、金本位制という「ドル高」政策を採らずに、金銀複本位制の下で銀貨の発行を増やして「ドル安」を追求すべきだ、という主張でした。しかし選挙は、金本位制を支持する共和党のウィリアム・マッキンレーの勝利に終わり、1900年には金本位制が正式に採用されます。1ドルは、純度90％の金25・8グレイン（純金約1・5グラム）と定められました。

「強いドル」へ

18～19世紀のアメリカはヨーロッパの大国に比べれば「後進地域」だったので、アメリカが直面した経済・金融・通貨政策上の課題は、現在の発展途上国に通じるところがあります。ただ、アメリカの経験をユニークなものにしているのは、安定に向かおうとする政治的な力（それは往々にして連邦政府の力を強め、東部エスタブリッシュメントの利益を代弁します）に対し、自由放任というか、無法状態でのサバイバルを良しとするが如き、建国以来のイデオロギーに基づく力（それは州の権限を重視し、西部開拓民や地主・農民・労働者の利益を代弁します）が、あたかも作用・反作用のように逆方向に働いてくるところです。当然、国の方針は行きつ戻りつし、混沌が激化します。こうした対立軸が、現在までアメリカ政治の重要なポイントになっているのは周知のとおりです。

しかし、双方の考え方がどちらもアメリカを体現しているのは間違いありません。現行のドル紙幣を見ると、前者を代表するハミルトンの肖像が10ドル紙幣（図1‐8）に、後者を代表するジャクソンの肖像が20ドル紙幣（図1‐9）に描かれていますが、まさにアメリカにとってはどちらも不可欠の存在であるということを象徴的に示しているように感じられます。

1900年頃、アメリカは世界最大の経済国となりました。19世紀末から20世紀にかけて、アメリカからの輸出が増加して貿易黒字がGDP比2％前後に達し、輸入国から代金として金貨が流入して、アメリカの金準備（通貨価値の裏付けとして公的に保有する金）は着実に増加するようになりました。金の保有量は第一次世界大戦の頃には約2000トンと20世紀初頭から倍増し、ルーズベルト大統領による民間からの金の強制買上げを経て、第二次世界大戦前夜には約8000トンと4倍に増加しました（その後、第二次世界大戦後には2万トンを超える量まで激増しています）。

独立以来好況と恐慌を繰り返し、制度上の混乱もあって、ドルとして流通している紙幣の価値は激しく乱高下しましたし、ドル硬貨も国際市場での金銀価格の変動に従い十分に流通しませんでした。戦時を除いては農産物価格が低迷したため、農民は少しでも価格が上昇するよう「弱い」通貨を求めましたし、容易に融資してくれる銀行を求めました。他方で、鉄道や産業への投資を行う側からすると、経済混乱を抑えるために通貨価値の安定が不可欠でした。連邦政府vs州政府、政府vs民衆、農民・労働者vs大企業・資本家、と複層的に対立する構図が、通貨への規律付けのプロセスを停滞させる結果となりました。

第二合衆国銀行が廃止されて以来、分権主義と民間主導のイデオロギーに沿って、通貨安定の基礎となる中央銀行が存在しなかったことも混乱を助長しました。1907年の金融恐慌をJ・P・モルガンなどの民間銀行家による私的救済で乗り切ったのはその典型ですが、その後は、金融システムの安定には公的機関としての中央銀行が不可欠であるとの認識がようやく一般化して、1913年に連邦準備制度（中央銀行）が設立されます。ハミルトンが第一合衆国銀行を設立してから約120年が経過していました。

こうしてドルはようやくよちよち歩きを終えて、潤沢な金準備と集権的な制度に支えられた「強いドル」となる条件が整いました。しかし、第一次世界大戦で欧州が疲弊する間隙を縫って、実力としてはいよいよ覇権確立の入口に立ったものの、政治的意思は欠けていたのでした。

また、集権と分権、政府と民衆というアメリカ建国以来の歴史の底流にある対立は、文化

図 1-8　アメリカの 10 ドル紙幣

図 1-9　アメリカの 20 ドル紙幣

や価値観にまで及んで、最近ますます激化しています。「通貨の安定」を含む経済政策も、その対立から無縁ではいられません。

コラム2：ドルの起源

ドルと言えば、通常我々はアメリカの通貨（米ドル）を思い浮かべます。しかし、カナダやカリブ海諸国は第二次世界大戦前からドルという呼称を使っていましたし、現在では他にも自国通貨を「ドル」と呼ぶ国が多々あります。それでは、ドル（Dollar：ダラーないしドラー）という名称はどこから来たのでしょうか？

通説では、16世紀にボヘミア（現在のチェコ共和国）のヨアヒムスタール（Joachimsthal：ヨアヒムの谷）という地の銀鉱山で産出した銀を用いて、現地のシュリック伯爵が鋳造した大型の銀貨ヨアヒムスタラーが語源であるとされています。このコインは、ヨーロッパで広く用いられていたフローリン金貨（もともとはフィレンツェで発行されたもの）と等価の銀貨だったので、とても使い勝手が良かったようです。そのため、この大きさのコインが様々な国で鋳造されて流通し、それらの通称として「ヨ

ヨアヒムスタラー

アヒム」が取れ、単に「タラー」という名前が使われました。各地で発音が変わり、スペインでは「ドレラ」と呼ばれたのがなまって、北米植民地ではスパニッシュ・ダラーと呼ばれました。元々の語源は、ドイツ語の「谷」ですが、それが特定の大きさの銀貨の通称となり、まだ弱小だった北米13植民地のコインの基準になり、そして世界最強の通貨へと出世していくわけです。

一方、ドルのシンボル「$」の起源にはいくつかの説があります。第一は、ペソから来ているというものです。先述のように、ドルと呼ばれたコインはペソとも呼ばれていました。ペソのPを縦の一本線ないし二本線で略して複数形のSをつけた、というわけです。確かに、現在でもメキシコやアルゼンチンではペソのシンボルは$ですので、もっともらしい説です。第二の説は、当時のスペイン・ドル貨に描かれていた二本の柱から来ているというものです。これはヘラクレスの柱と呼ばれ、そもそもは、ヘラクレス

スペイン・ドル

が地中海の西端の山を怪力で真っ二つに割り、その結果大西洋と地中海が繋がったというギリシャ神話に基づきます。現在のジブラルタル海峡の両側にある岩山を柱に見立て、スペインを支配するハプスブルク家が紋章に用いました。スペイン・ドルにはこの絵が描かれていたので、二本の柱にラテン語のモットーが書かれた旗が巻き付く様子を$で表わした、という説です。第三の説はより単純で、ユナイテッド・ステーツ（United States）の頭文字のUSを重ねて書いたのだ、というものです。

第二章

——死にゆく者への祈り——

最初の基軸通貨英ポンドの凋落

19世紀末にアメリカは世界最大の経済国になりました。しかし、それによって自動的に、ドルが国際経済・金融秩序における中心的な地位を占めるに至ったわけではありません。当時は英ポンドが圧倒的な存在感を示しており、疑いもなく基軸通貨の地位にありました。ドルが基軸通貨として君臨するまでには、まず英ポンドが基軸通貨の地位を失い、その後の世界経済の混乱と第二次世界大戦という悲劇を踏まえて、アメリカがリーダーの責務を負う決断をする必要がありました。

先に「基軸通貨」とは、国際経済・金融システムの中心となるもので、種々の経済活動や金融取引がその周りを周回するような、大事な通貨であると定義しました。英ポンドは、まさに「金本位制」というシステムの中心であり、最重要の通貨でした。19世紀から20世紀にかけて主要国はおしなべて金本位制を採用していましたが、いわゆる帝国主義的列強がひしめく中で、なぜフランスのフランやロシアのルーブルではなく、英ポンドが自他ともに認める基軸通貨となったのでしょうか？　そして、英ポンドの凋落は何を契機としたのでしょうか？　なぜドルがすぐに基軸通貨の地位に就かなかったのでしょうか？

本章では、なぜ英ポンドが世界史上最初の基軸通貨の地位を得られたのか、それほどの圧倒的な地位がなぜ短期間で失われていったのか、そうした転落は不可避だったのか、といった問いを考えていきます。

金本位制とは何か

金本位制は19世紀前半に英国で始まった後、1870年代にフランス、ドイツ、アメリカ、日本などが次々と採用し、オーストリア、ロシアなども1890年代に追随しました。英ポンドを基軸通貨の地位に押し上げたのは金本位制でしたが、金本位制はそれに固執した英ポンドの衰亡の要因ともなりました。英ポンドが「殺された」現場、というわけです。ここでは、まず簡単に金本位制の仕組みを見てみましょう。

金本位制とは、一言でいえば、自国通貨の価値を金によって裏付ける制度です。それは、まず政府が自国通貨の価値を金の量で定義し宣言する形をとります。これを金平価（Gold Parity）と言います。例えば、英国は1ポンド＝純金113グレイン（約7・3グラム）を金平価と定めましたし、アメリカは1ドル＝純金23・22グレイン（約1・5グラム）と定めました（その結果、自動的に1ポンド＝4・8665ドルという為替レートが成立します。

他の通貨との間でも同様です）。各国は金平価に従って金貨を鋳造する一方、紙幣については中央銀行に持ち込む者は誰でもこのレートで紙幣と金を交換できると約束しました。それに備えて、中央銀行は金あるいは金に間違いなく交換してもらえる他国の通貨（通常は英ポンド）を保有していました。また、仮に市中で流通する通貨の量が大きくなりすぎると、金との交換要請が殺到した時に応えられなくなってしまうため、中央銀行は保有する金の量に応じて市中の通貨量を調節するのが通例でした。

金の市場での価値は需要と供給によって常に変動しますが、中央銀行は金利を上下させて平価を守りました。例えば金の市場価格が上がると、人々はポンドをイングランド銀行に持ち込んで公定価格で金に交換し、市場で売れば利益が出ます。そのような際には、イングランド銀行は金の流出を抑制するため金利を引き上げて、人々がポンドを保有する魅力を高めるでしょう。金は金利を生みませんが、ポンドは預金したり投資したりすれば利潤が得られるので、利上げによってポンドが生み出す利潤を高め、人々がポンドを金に交換するのを抑えようとするわけです。

また、金本位制の下では、貿易や経常収支の赤字は（最終的には）金で支払われました。[17] 赤字の国から金が黒字国に向けて流出するので、赤字国の中央銀行は金利を引き上げるなどして平価を防衛し、その結果国内が不況となって輸入が減るため、赤字がやがて解消すると考えられました。他方で金が流入する黒字国では金利が低下したり市中で流通する通貨量が増えたりして景気が上昇し、輸入が増加してやがて貿易黒字が減少する理屈でした。

金本位制は、産出量の限られる希少金属の金に結び付けられたシステムなので、極めて安定的でしたが、硬直的でもありました。現在の常識では、不景気の際には利下げをしたり財政支出を増やしたりしますが、金本位制下ではそうした政策で市中の通貨流通量が増えては困るのです（金との交換要求が増えてしまいます）。そこで不景気の際は、企業が倒産し失業が増えて、労働者の賃金が下落することで、製品の価格を下げて輸出競争力を回復するのが王道でした。失業による貧困の増加は、むしろ望ましいことだったのです。チャールズ・ディケンズなどの小説に描かれるヴィクトリア朝の光と影は、金本位制の仕組みが必然的にもたらしたと言えるでしょう。

英ポンドが基軸通貨となった理由

金本位制は、金という貴金属がコインに鋳造されて様々な人の手を渡っていくという「原始的」な仕組みと、デジタル技術を使って超高速で債権債務関係が処理されていくという

17　現実に金が国境を越えて移動するには、運搬コストなど他の要因も関わってきます。

	1880年	1900年	1913年
イギリス	22.9	18.5	13.6
アメリカ	14.7	23.6	32.0
ドイツ	8.5	13.2	14.8
フランス	7.8	6.8	6.1

表2-1　世界の工業生産に占めるシェア（%）
（出典：ポール・ケネディ『大国の興亡』鈴木主税訳　草思社 1988年　305頁）

「現代的」な仕組みとをつなぐ、一種の過渡的なシステムであったと考えます。その中で、当時のイギリスが持っていた経常黒字という強みから、金はイギリスに集積し、そしてロンドン市場を通って世界中にリサイクルされていきました。他国に先駆けてこの仕組みを構築したことで、英ポンドは金本位制下の基軸通貨の地位を得たのでした。

ポンドを、他に並ぶもののない基軸通貨の地位に押し上げた要因を順を追って見ていきましょう。

（1）経済力と軍事力

物価変動の影響を除いた実質GDPの長期推計[18]によると、中世以来イギリスとフランスの一人当たりGDPはほぼ拮抗して推移してきましたが、18世紀になるとイギリスの優位が明らかになり、その優位は産業革命によって確実なものとなります。イギリスの1人当たりGDPはフランスを概ね5割上回り、19世紀になっても、英国の一人当たりGDPは他の欧州諸国（フ

	1880 年	1900 年	1914 年
イギリス	650,000	1,065,000	2,714,000
アメリカ	169,000	333,000	985,000
ドイツ	88,000	285,000	1,305,000
フランス	271,000	499,000	900,000

表 2-2　保有する軍艦（トン）
（出典：ポール・ケネディ『大国の興亡』鈴木主税訳 草思社　1988 年　307 頁）

ランス、ドイツ、イタリア、スペイン）を大きく凌駕するのみならず、急速な米国の追い上げにも１９００年前後までは十分対抗していました。しかし国全体の経済規模では、人口の多い米国に１８８０年までには追い抜かれ、１８７１年の統一後急速に勃興したドイツとは、20世紀初頭には抜きつ抜かれつの横並びの状態です。

当時特に懸念されたのが、工業生産力の低下でした。鉄鋼生産では、１８９０年にアメリカをやや下回る世界第2位だったのが、１９１０年にはアメリカの4分の1、ドイツの半分弱しか生産しない世界第3位に転落してしまいました。工業生産全体でも、アメリカとドイツに急速に追い抜かれ、シェアを落としました（表２-１）。

軍事面では、英国は最強の海軍国家であると同時に、ナポレオン戦争後19世紀には欧州大陸の強国の間のバランスを取って

18　Maddison Project (https://www.rug.nl).

（勢力均衡政策）、自国及び植民地の安全保障を確保していました。しかしながら、20世紀になるとここでもドイツ（及びアメリカ）の急速な追い上げを受けて、英国は生存をかけた軍拡競争に突入していきます（表２‐２）。

19世紀から20世紀にかけてのイギリスが、経済面・軍事面で極めて大きなプレゼンスを有していたことに疑いはありませんが、急速に勃興した経済的・軍事的強国の統一ドイツやアメリカとの差は縮まり、あるいは追い抜かれていきました。しかし英ポンドのプレゼンスは、依然としてマルクやドルを大きく上回っています。つまり、経済力や軍事力だけでは、英ポンドが基軸通貨であり続けた理由を説明できないと思われます。

（２）資本輸出

当時のイギリスは世界中に植民地を有して、現代風に言えばグローバル・サプライ・チェーンを確立しており、最先端のテクノロジーを駆使して、世界中に工業製品を輸出していたイメージがあります。しかし、実は貿易収支は恒常的に赤字でした。簡単に言えば、輸出する以上に、原材料や嗜好品を輸入していたのです。一方、七つの海を支配する大英帝国は海運業が盛んであり、船賃や海運に関連する保険業など、サービス産業で大きな黒字を稼いでいました。その結果、経常収支は黒字であり、その黒字を海外に投資して在外資産を累積したので、在外資産からの利子や配当が、毎年の経常黒字をさらに増加させたのです。1870〜1875年には平均毎年7500万ポンドの対外投資を行い、年5000万ポンド以上の利子・配当収益を得ていたそうです。

この巨額の経常黒字を基に、イギリスからの「資本輸出」は、ロンドンの金融街であるシティーにおいて、他国が発行する国債や海外企業の株式・社債をイギリス国内の投資家が購入する形で行われました。英国内の過剰貯蓄（＝経常黒字）が海外の国・企業によって吸収された、ということです。その結果、世界中にポンドが供給されました。

この点が、同時代の主要国との大きな相違点です。19世紀の後半から20世紀初頭にかけて、最大の資本輸出国はイギリス、二番目がフランス、三番目がドイツでした。大国のアメリカやオーストリアは国内貯蓄が潤沢でなく、1900年前後はむしろ海外資本を国内投資に誘致しています。上位の英・仏・独について見ると、例えば1890年における資本輸出額は、イギリスが約1億ポンドであるのに対し、フランスはその4割弱、ドイツは3割弱でした。[19] イギリスからの資本輸出は、圧倒的な規模で世界中にポンドを供給していたのです。[20]

19　Arthur I. Bloomfield, "Patterns of Fluctuation in International Investment Before 1914", Princeton University, 1968.

海外投資に向かう資金の量が多いということは、資金を調達したい外国政府や企業の立場からすると、調達が容易で条件も好ましい、ということを意味していました。資金調達における最大の関心事である金利水準について見てみると、ヨーロッパの三大市場での実質長期金利は、1880年から第一次世界大戦までの期間、フランクフルト市場がロンドン市場よりも約1%ポイント高く、パリ市場での金利は当初こそロンドン市場とほぼ同水準でしたが、1890年代以降は徐々に格差が広がって、最後はフランクフルト市場の水準に収斂しました。[21] ロンドン市場は調達金利が安かったわけです。

（3）金融セクター

金利水準が低いということは、投資に向かう資金（国内貯蓄）が豊富に存在し、しかも投資家がリスクに比較的寛容であったことを示しています。しかもイギリスが海運の覇権を握っていたことから、ロンドンは貿易金融の取引にも便利でした。シティーと呼ばれるロンドンの金融市場はこうした取引の仲介で収益を上げ、一方で英国民は国内貯蓄よりも高利の投資収益を享受して、ますます豊かになっていったのでした。その結果、資金調達や金融取引の際の通貨として、英ポンドの地位が揺るぎないものとなっていったわけです。

経済大国や軍事強国であったことは英ポンドの地位を高める上で有利であったかもしれま

せんが、それだけでは十分でなく、経常黒字国のイギリスが潤沢な貯蓄を有していたこと、英国内の貯蓄を海外の政府や企業がシティーで容易に調達できたこと、そのためにイギリスの金融セクターが発達し、トラブル解決のための法務などのインフラが整っていたことが、英ポンドの地位を高める上で最重要の要因でした。潤沢な資金が、顧客にとって使いやすい形で、低い金利で、安心して調達できた、ということです。

(4) ポンドへの信認

金本位制下では、各国の為替レートは固定されていますが、需要と供給に従って、市場での為替レートは公定レートの上下を行き来します。場合によっては当局が金利を上下させたり市場に介入したりして公定レートと市場レートの乖離を小さくしますが、乖離があまりに大きくなった場合、特に自国通貨が弱くなったために金との交換要請が殺到し、中央銀行が保有する金の量が大きく減少するような場合には、金との交換を一時停止したり、さらには

20 ドイツは資本輸出の相手先が、オーストリア、イタリア、ロシア、アメリカなど特定国に偏っていたので、その意味でも国際的な資金供給源とは言えません。

21 Julia Bersch and Graciela L. Kaminsky, "Financial globalization in the 19th century: Germany as a financial center", George Washington University, 2008.

金平価（＝為替レート）を変更して自国通貨を金に対して切り下げたりすることもあり得ます。そのような見通しが広まると、その国の通貨を持っている者は切下げの前に金に交換しておこうと中央銀行に殺到しますので、結果として切下げのタイミングを早めることになりがちです。

とはいえ、平時には通貨を保有する人が全員同時に金への交換を求めてくるわけではないので、流通する通貨の量の何割くらいを金でカバーしておくかは、国によって様々でした。例えば、1910年のデータを見ると、イギリスでは通貨発行量の46％、フランスでは60％、ドイツでは54％に当たる金が保有されていたそうです。アメリカでは1913年に中央銀行にあたる連邦準備制度が設立されますが、その準拠法で通貨量の40％の金保有が義務付けられていました。

このカバー率を高いと見るか低いと見るかは状況次第ですが、価値が安定していると人々が信じる通貨に金との交換要請が殺到することはないし、価値への信頼が薄れた通貨には交換要請が集まるので自己実現的に切下げに追い込まれることがある、という意味で、金が流出しないような国の通貨は人々からの信認が高い、と言えるでしょう。ややトートロジー的ですが、信認が高いから金が流出せず、金が流出しないから信認が高い、というわけです。

その点、毎年経常黒字を記録しているイギリスは、毎年赤字国や投資先から金が流入する状況にあるわけですから、イギリスから金が流出して英ポンドが切り下げられる可能性は低いだろう、との予想が成立します。それこそが英ポンドへの強い信頼の基礎であったわけです。19世紀末のアメリカやドイツでは、必ずしも毎年経常収支の黒字を記録しているわけではありません。フランスのフランやドイツのマルクなどが一定のローカルな地域（特に経済関係の深い隣国や植民地など）で使用されるのは当然としても、グローバルな視点で見ると、英ポンド以上の信頼と使い勝手の良さを兼ね備えた通貨は見当たらず、それが英ポンドが基軸通貨となった理由でした。

このように、英ポンドは使い勝手がよく、シティーを通じて海外にも多く供給され、恒常的な経常黒字により累積した豊富な金準備を背景に価値が安定している一方で、調達金利は安く信頼感は高いという、まさにオールマイティーな存在でした。金本位制は金を価値の源泉とする、ということだけが決まっていて、英ポンドだけが金とリンクしているわけでも、取引にはポンドを使わなければいけないという法的制約があったわけでもありません。しかも金本位制という制度は、イギリスが独断で運営していたわけではなく、主要国の中央銀行相互の協力によって支えられていました。しかしながら、大英帝国の栄光を背景に、上記のような特質により、ポンドは金本位制のシンボル的な存在となり、制度を支える最も重要な通貨と広く認識されていたのでした。当然、イギリスの中央銀行であるイングランド銀行は、金本位制が円滑に機能するように常に気を配っていました。

本書の論旨に従えば、国際経済・金融秩序が英ポンドの周りを回っていたという意味において、英ポンドが金本位制を支える「基軸通貨」であったと言えるのです。

誰が英ポンドを殺したのか？

しかし無敵とも思われた英ポンドですが、イギリス経済が第一次世界大戦（1914～1918年）以降弱体化していくのにつれ、苦悩の道を辿っていくこととなりました。金本位制を再構築するのに失敗し、最終的には大英帝国という殻の中で生き残りを図ります。わずか20年間の戦間期で、英ポンドの地位は最強のグローバル通貨からローカル通貨へ崩壊しました。その背景には何があったのでしょうか？

第一次世界大戦がイギリスの社会や経済にもたらした影響は複合的で、簡単に論じることはできませんが、前途有為な若者が多数戦死したことは戦後復興に必要な人的資源を質・量ともに低下させたでしょうし、すでに実質的な生活水準でも経済規模でも世界一となっていたアメリカに対し、終戦時に42億ドルの債務を負ってしまったことも大きな負担となったはずです。ロシアの社会主義革命やアイルランドの独立といった歴史的事件が、英国民の心理に与えた影響も無視できません。

戦間期に世界が内向きとなり、さらには戦争に突入していく過程では、イギリス経済の力の源泉であった植民地・海運・海外投資収益・シティーの金融市場等が、一つ一つ時代遅れとなり、あるいは新たな覇権国（アメリカ）に劣後していきました。結果として、イギリスの衰亡は誰の目にも明らかでした。

イギリスを巡る困難な状況の中で、英ポンド崩壊への道を開いたのは、三つの打撃でした。

英ポンド崩壊に至る第一撃：金本位制復帰の失敗

金本位制という硬直的なシステムの下では、財政支出（軍事費）の増加や戦時経済維持のための融資拡大などによる通貨量の増大は通貨の切下げをもたらしますし、原材料や武器の輸入の度に「虎の子」の金が国外に流出するのも困ります。そこで、戦争中は欧州主要国は金本位制を停止していましたが、戦後「平常化」に向かう過程では、金本位制の再建は当然のことと受け止められていました。問題は、各国通貨が新たな金平価で金本位制に復帰するか、それとも戦前の「旧平価」で復帰するか、という点にありました。

どこの国でも戦中・戦後はインフレが進んでいますので、戦前に比べれば金と比較した通貨価値が低下しているはずです。実際、戦後に種々のコントロールが廃止されると、英ポンドの為替レートは暴落しました。ですから、経済学的に考えれば、実力に見合った平価へと切り下げた上で金本位制に復帰するのが合理的でした。その際、特に考えなければならないのが、今や経済大国であるアメリカのドルとの関係です。アメリカは金本位制を停止していなかったので、対ドルの為替レートは、実質的に自国通貨と金との現状の位置関係を示していました。

戦争中のインフレ率は、アメリカに比べてイギリスの方がかなり高かったので、1920年代前半の英ポンドの対ドル・市場レートは、1ポンド＝3・5ドル前後と、戦前（金本位制下）の1ポンド＝4・86ドルと比較して約3割もポンド安になっていました。もし戦前の対ドル・レートに戻ろうとするならば（それはすなわち、戦前の旧平価で金本位制に復帰することを意味します）、相当な物価下落をもたらす不況を覚悟する必要があります。その現実を踏まえて、経済学者のジョン・メイナード・ケインズは、そのような「デフレ政策」は不必要に多くの失業者を生み出すので、物価引下げはほどほどにして、むしろポンドの価値を下げる（すなわち金平価を引き下げる）形で金本位制に復帰すべきだ、と主張しました。それにより、対ドルでのポンド安を継続することもできますので、輸出に有利なのは言うまでもありません。

一方ウィンストン・チャーチル蔵相に代表される当時の指導層のコンセンサスは、大英帝国の威信を回復するには強いポンドの再現（すなわち戦前の旧平価での金本位制復帰）が必要であるというものでした。強いポンドは、信認を高めてシティー（金融市場）の復権にもつながると論じられましたが、資本輸出の余力がそれほど残っていたかは疑問です。いずれにせよ、ポンドには基軸通貨として復権する責任があるという、強烈な自負心があったのは間違いないでしょう。

こうした国内的考慮に加えて、他国からの有形無形の圧力もありました。それらの国が自国通貨の安定を果たす上で、ポンドを通じて金とリンクすべきか、ドルを通じて金とリンクすべきか、を考えていたためでした。というのも、その頃には金準備として金塊を中央銀行の金庫に積んでおくのではなく、金と自由に交換できる有力な通貨を外貨準備として保有しておけば金保有と同じ効果がある、と認識されていたからです（「金為替本位制」）。各国にしてみれば、イギリスがポンドを切り下げて金にリンクすれば、これまでに保有していたポンドの価値（どのくらいの量の金と交換できるか）は減少しますし、今後入手するポンドもいわば「弱い」通貨です。それくらいなら、ポンド保有をやめて、価値の安定したドルを外貨準備に積み上げようとするのは自然なことでした。各国がそれを実行に移したら、大量のポンド売り・ドル買いにつながり、ポンドへの切下げ圧力を高めますから、それを予防するためにも旧平価で戻らざるを得ない、という見方も英国内にはありました。

こうしてイギリスは、ポンドを過大評価した水準の旧平価で1925年に金本位制に復帰しましたが、その結果はケインズが予想した通り、厳しいものとなりました。金利は高水準に維持され、失業率は10％ほどで高止まりし、実質成長率は横ばいで物価が下落するデフレが続きます。[22]

ポンドへの信認を維持するため、イングランド銀行は金利を高めに維持せざるを得ません。それに対し、アメリカのFRBは政策金利を低めに操作することで協力します。アメリカの金利が高くなると、ポンドをドルに換えてアメリカに投資する動きが強まって、結果としてポンドに切下げ圧力がかかってしまうからです。アメリカの金利が比較的低く抑えられたことで、海外の政府や企業が資金を調達する際にニュー・ヨーク市場でのドル調達を選ぶ動きがさらに促進された可能性があります。また低金利はニュー・ヨークの株式市場の熱狂的な上昇を招き、その暴落に始まる大恐慌の原因となったとも考えられます。[23]

こうしてみると、旧平価での金本位制復帰は、イギリスの国内経済をデフレ状態にとどめ、（ポンド高のため）輸出競争力も低下させたのみならず、イギリスにとって「金の卵を産む」シティーの金融市場の魅力まで低下させてしまう「悪手」でした。にもかかわらず当時の政治リーダーがこの方針を追求したのは、大英帝国の栄華の復活とイギリスの責務、という価値観に疑念が持たれていなかったためでしょう。第一次世界大戦によって世の中は変わっており、イギリスの実力も大きく損なわれていたのですが、それに気づかなかった（あるいは気づかないふりをした）背景には、当時のリーダー層の多くが伝統的な上流階級の出身者であったことがあるのかもしれません。[24]

もちろん、1925年時点で英ポンドが切り下げられていたとしても、イギリス経済が1929年以降の大恐慌の荒波の中で無傷でいられたとは、到底思われません。しかし、ポンドが世界を支えるとの使命感から、わざわざ旧平価という茨の道を選んだ結果、ポンド衰亡を必要以上に早めてしまったのは、やはり悲劇的な出来事と言うべきでしょう。

英ポンド崩壊に至る第二撃：大陸の金融危機

1929年のニュー・ヨーク株式市場の暴落を契機に始まった大恐慌により、イギリス経

22　フランスはイギリス以上にインフレが進んでいましたので、旧平価での復帰はほぼ不可能でした。イギリスの苦境も見た上で、フランスは戦前の平価を8割切り下げたフラン安の水準で1928年に金本位制に復帰して、金利の劇的な低下をもたらしました。

23　アメリカ経済に過熱の兆しがみられると、当然ながらFRBは遠慮なく利上げを行いましたが、株式市場の急騰・暴落を止めることはできませんでした。

24　労働者を支持母体とする労働党は、第一次世界大戦後に議席を拡大して1929年の総選挙で第一党となりました。

済はさらに悪化しますが、問題はその後でした。

1931年5月にオーストリア最大の銀行クレディットアンシュタルトが破綻すると、銀行の健全性への疑念が広まって隣国ドイツなどでも銀行危機が発生しました。預金者は我先に預金を引き出そうとします（いわゆる「取付け騒ぎ」）が、そのようなパニックへの対処には、十分な現金の備えがあることを預金者に示すことが必要です。また、預金者はドイツ・マルクやオーストリア・シリングを引き出しただけでは安心せず、安全資産の金に換えようとするかもしれません。こうしたことから、ドイツの民間銀行と中央銀行は保有するポンドを金に換えて、万一に備えました。

一方、ドイツやオーストリアの混乱は、イギリスから両国への投資が不良資産化する可能性を高めます。それはイギリスの企業や金融機関への打撃になりますので、英ポンドの先行きへの不安を高めます。ポンド建ての資産を持つ海外投資家は、こうした状況がポンドの切下げにつながるのではないかとの恐れを強め、ポンド資金を金に交換してイギリスから引き揚げました。

金の流出に直面したイングランド銀行は、金利を引き上げたり米仏の中央銀行から緊急融資を受けたりして防戦に努めますが、1931年6月末の1週間ほどで3100万ポンドの金（保有額全体の約3割）が流出し、9月中旬の数日間に4300万ポンドの金と外貨準備が流出したところで、9月21日に金本位制を停止しました。英ポンドは年末には1ポンド＝3・4ドル程度まで暴落しました。

英ポンド崩壊に至る第三撃：スターリング・ブロック

1932年に開かれたオタワ会議では、イギリスと自治領・旧植民地が、自らのグループの外側に貿易障壁を構築しました。つまり、貿易はなるべくグループ内で行い、グループ外からの輸入を抑えようとしたのです。グローバル経済の中心として、貿易と対外投資という「外向き」の体制で繁栄してきたイギリスにとって、180度の方針転換でした。

こうした内向きの動きはイギリスに限られませんでした。フランス、ドイツ、日本なども、自国の植民地や勢力圏で自給自足を目指します。しかし世界経済に最も大きな影響を与えたのは、アメリカの動きでした。アメリカは既に1930年にスムート・ホーリー法を制定して関税率を引き上げていましたが、1933年に発足したフランクリン・ルーズベルト政権は、大恐慌からの経済回復と国内物価の上昇（「デフレ脱却」）を目指して金本位制を停止し、さらに1934年に金を国有化するとともに金の公定価格を金1オンス＝20・67ドルから1オンス＝35ドルに変更しました。これは7割近いドルの切下げであり、アメリカが「弱いドル」政策を採用し、他国を犠牲に自国の成長を目指したことを意味します。アメリカは貿易黒字を記録し、金本位制を維持していた国々からはアメリカに向けて金が流出したので、これらの国では次々と為替切下げを余儀なくされました。

第二次世界大戦が1939年に始まると、「スターリング・ブロック」（スターリングは英ポンドの正式名称）と呼ばれるイギリスと関係の深い国々は、「ドル・プール（Dollar Pooling）」の仕組みを確立しました。この下では、ブロック内の国の個人や企業は、ブロック外との貿易や投資で得たドルをすべて当局に売却する義務を負い、当局はこのうち、必要最低限を超える部分をイングランド銀行に送って代わりにポンドを受け取ります。参加国間の貿易や金融取引は基本的にポンドを用いて行われ、参加国企業がブロック外から輸入したい時には許可を申請して、認められるとドルを入手することができます。

ドル・プールは第二次世界大戦後まで継続されますが、それは要するに、イギリスが旧植民地等の力を借りて自らの実力以上にドルを集める代わりに、ブロック内にはポンドを刷り増して供給する、というものでした。ブロック内の取引は、そうして供給されたポンドを媒介に行われ、ブロック外からの輸入はポンドでなく、大事にとっておいたドルで行います。すなわち、英ポンドにはもう、貿易取引の対価としてスターリング・ブロックの外でも誰からも受け取られるだけの信認が残っていなかったのでした。

大英帝国がなりふり構わずドルを集めても、得られるドルには限りがあります。1941

年からは武器貸与法（Lend-Lease法）によってアメリカからの軍用品の実物支援が始まり、武器の購入代金（ドル）を「ツケ」（後払い）にすることができるようになって、イギリスは何とか戦争を継続することができました。

ブロック経済はグローバル経済の対極にあり、英ポンドはスターリング・ブロック内での流通を主たる役割とするローカル通貨になりました。それは当面の外貨（ドル）節約には役立ちましたが、後に禍根を残しました。というのも、1945年末時点でポンド発行額の3分の2がスターリング・ブロック内に滞留していたからです。[25] スターリング・ブロック諸国は（イギリス以外との貿易にはあまり役立たない）大量のポンドを抱えて、その処理に困ることになりました。

スターリング・ブロックは第二次世界大戦遂行には貢献したかもしれませんが、次章に述べるように、戦後に英ポンドの国際的な信認を再確立しようとした際には、全く逆効果に働きました。

英ポンドの凋落

25　西倉高明『基軸通貨ドルの形成』勁草書房　1998年

基軸通貨としての英ポンドの地位は、金本位制と密接に結びついていました。イギリスは投資収益から、また旧植民地の南アフリカでの産出により、金をロンドンに集め、ロンドンは金融取引の中心地となりました。第一次世界大戦後に、イギリスがこの栄光を再興しようとした気持ちはよくわかります。世界経済のリーダーとしての責務を果たそうと心から思っていたことも、想像に難くありません。

しかし、すでにポンドは弱い通貨となっており、それを無理やり過大評価するためのデフレ政策はイギリス経済を弱め、国内投資家のリスク負担能力を低下させて、英ポンドの地位をさらに傷つけてしまいました。それは、基軸通貨国として以前同様に金本位制を再建しようとする英雄的な行為であったかもしれませんが、現在から見れば、絶望的な戦いに挑んだ悲劇的な姿でした。

第二の打撃は、基軸通貨の宿命として意図せざる形でやってきました。他国にしてみればポンド保有は一種の保険であり、自国の危機の際には当然ポンドを売って金に換え、自国経済や通貨への信認を強化しようとします。オーストリアやドイツでの金融危機は、ポンドにとっては不運な出来事でしたが、基軸通貨である以上はポンドと金の交換要求に応えるのは避けられないことでした。問題は、その過程でポンド自身の信認が失われてしまったことです。急速かつ大量の金流出に耐えられないことが明らかになった瞬間、世界中にポンドという「王様」はやっぱり裸だったのだ、ということが知れ渡ってしまったのでした。

その後の英ポンドは、スターリング・ブロックという内輪でこそ珍重されるが、外との取引では特別な地位を持たない、内弁慶な通貨となりました。そして、その仕組み自体が最終的な崩壊を準備する、第三の打撃となってしまいました。

これらの打撃を受け、イギリス経済は世界のリーダーの地位を失います。すでに20世紀初頭には、イギリス経済は圧倒的な存在ではなくなっていましたが、それはイギリス自身の経済モデルの帰結でもありました。というのも、イギリスは対外投資から得られる巨額の投資収益を発展の基礎としていましたが、海外投資先の産業がイギリスの資金や技術の恩恵を受けて急速に発展し、イギリス自身の産業を脅かすようになったためです。アメリカやドイツなど、将来のライバルをせっせと育成したことは、これらの国々のみならず世界経済全体のためにも善行を積んだと思いますが、イギリス自体の相対的地盤沈下を自ら招いたのも事実でしょう。このあたりは、中国のWTO加盟を後押しし、大挙して製造拠点を中国に移したアメリカの産業界が、今になって中国との先端技術競争で苦しんでいる様子と重なります。

政治的意思と経済的実力の乖離

英ポンドがその地位を維持する道はなかったのでしょうか?

仮にイギリスがポンドを切り下げて金本位制に復帰していたとしても、金本位制と英ポンドが強く結びついている以上、その後の大恐慌などで金本位制自体が揺らいだ段階で、英ポンドの命運も尽きてしまったことでしょう。金本位制自体を廃止して、自らを中心とする、より柔軟な新しい通貨制度を構築していれば別かもしれませんが、それは当時の常識からはかけ離れていました（事実、グローバルな固定相場制の廃止は１９７３年を待たねばなりません）。

もちろん、どのような通貨であっても、大恐慌や世界大戦を乗り越えるのは容易なことではありません。まして、国際経済・金融秩序のリーダーシップを執るのには、通貨の実力に加えて、リーダーシップに伴う不利益も受け入れる政治的な覚悟と国民の支持が必要です。イギリスは果敢にこのコストを引き受けて、その荷重に押しつぶされたと言えます。

１９３３年に開かれた世界経済会議の際には、混乱した国際通貨体制を立て直すため、主要通貨間の安定に向けた国際協定の締結がカギとなりました。すでに経済大国であったアメリカは、国内の景気回復を優先したルーズベルト大統領が逡巡した挙句に、このような責務は負えないと最終的に拒否して、会議を崩壊させました。経済学者のチャールズ・キンドルバーガーは、１９３０年代の世界経済の機能不全の原因は、システムを安定させる能力をイギリスが失っており、その能力を持っていたはずのアメリカには責任を負う意思がなかったためだ、と喝破しました。英ポンドは基軸通貨の役割を担うだけの力を失いましたが、他方でアメリカにはリーダーの責務を負う意思がありません。金本位制という国際通貨システムが崩壊し、システム不在となっただけでなく、リーダーも不在となったのでした。

19世紀の遺物である大英帝国と金本位制の上に築かれた、栄光ある英ポンドは、二度の大戦と大恐慌の中で刀折れ矢尽きて斃れました。第二次世界大戦が終わった時、イギリスは事実上破産していました。英ポンドを基軸通貨の地位に押し上げ、イギリス経済を世界最強としたのは金本位制でしたが、第一次世界大戦後にその再建を試みたばかりにイギリス経済は崩壊への道を辿りました。

英ポンドは大きな宿命に抗しきれずに悲劇に向かって進みました。本書の論旨に従えば、ポンドは金本位制という「現場」に固執し、そこに留まったがゆえに、「殺されて」しまったのです。二度の世界大戦と世界恐慌という「犯人」から、三度にわたる致命的な打撃を受けた英ポンドに、最後にとどめを刺したのは第二次世界大戦後のアメリカでした。

コラム3：歴史上のコインと基軸通貨の違いは何か？

歴史を振り返ると、世界中の多くの地域で使われた通貨として、ローマ帝国のコインや中国の宋銭、あるいは18世紀以降に中東やアフリカを中心に流通したマリア・テレジア銀貨等が思い浮かびます。米大陸で流通したスペイン銀貨も含めてよいでしょう。これらの通貨が貿易の決済や、場合によっては第三国の国内での経済活動に用いられたということは、発行した国以外の地域でも、一定の価値が認められていたということを示します。それは硬貨に含まれる金や銀のおかげかもしれませんし、単に普遍性と利便性の結果かもしれません。

しかし、こうした歴史上のコインが世界中で使われていたにもかかわらず、本書が英ポンドを世界史上初の基軸通貨と呼ぶのはなぜでしょうか？

その理由の第一は、歴史上のコインが、ある特定の国際金融・通貨体制を前提としていないからです。すでに述べたように、本書の立場は、一つの国際金融・通貨体制の心柱となっている通貨を基軸通貨と呼んでいますので、単に広く取引で用いられたというだけでは、利便性はともかく、心柱とまでは言えないと考えます。

第二に、これら歴史上の通貨が、使われている地域で「自国通貨」と化していたからです。例えば日本では、鎌倉時代以降宋銭が広く用いられ、年貢の支払いや、贈答・賄賂にも使われましたし、スペイン・ドルが米国内で法貨であったことは先述した通りです。それが高じて、こうした国際的な硬貨は、品質はともかくとして、各地で鋳造されることも多かったようです。宋銭は日本でも一部造られましたし、マリア・テレジア銀貨はマリア・テレジア本人が死去した後もオーストリアのみならず広くヨーロッパ、そしてインドでまで造られました。これらの硬貨は「自国通貨」として使われたのですから、単に国際的なデザインを流用して自国で鋳造したコインだったという方が実態に近いでしょう。

他方で、ポンドの紙幣や硬貨は大英帝国の中では普通に流通していたとしても、例えば日本で日常的な取引をポンド紙幣で行うことはありませんでした。つまり、英ポンドは多くの国にとってあくまでも外貨であり、現物としての「ポンド」が流通していることとは、英ポンドが基軸通貨となることの前提ではありません。ポンドが価値ある通貨と認識されていたのは、現物として取引に用いられていたからではなく、ポンドの価値についての共通の理解が各国間に存在していたためであり、その基礎となったのはポンドの価値への信頼という観念的な理由であったと思われます。

もっとも現在でも、途上国や大きな危機の渦中の国などでその国の通貨への信頼が失われてしまった時に、外貨の現物が流通したり、タンス預金として貯め込まれたりする場合があります。ソ連崩壊直後にモスクワ市民がドルの現金を求めたような事例です。これも、モスクワ市民がすでにドルの価値を認識しているがゆえにドル現金を求めたのであって、モスクワで流通していることだけからドルに価値が認められたわけではない、と理解することができます。

第三に、基軸通貨は19世紀以降の電信の発達を基にした近代的な金融システムの機能を前提とするのに対し、歴史上のコインは実物の運搬か、せいぜい基本的な手形や為替に頼っていたからです。それは、時々地中海や東シナ海の沈没船から大量のコインや宋銭が発見されることで明らかです。しかし現在の国際取引では紙幣の詰まったスーツケースが行き来するのではなく（それでは犯罪者に間違えられてしまいます）、取引を行う企業や個人の銀行の間で電子的に指示がやり取りされて、双方の口座の残高記録が増減する形をとります。現物の紙幣や硬貨を目にする必要はありません。その結果、必要な時に必要なタイミングで、必要な通貨が供給されます。このような効率的な取引は、ローマのコインや宋銭では、無理な相談です。

英ポンドが最初の基軸通貨となったのは、イギリスで近代的な金融システムが発展し、市場の機能が近隣国よりも強力であったことと無縁ではありません。金融システムの発展が英ポンドを基軸通貨に押し上げ、英ポンドが基軸通貨であったがゆえにイギリスの金融市場は世界中の資本が流入し、世界中に流出していく場となったのでした。まさに好循環です。

第三章

黄金三角

短命に終わった基軸通貨としてのドル

1931年にイギリスが金本位制を離脱したとき、英ポンドは基軸通貨の地位を失いました。そしてアメリカ（1934年）とフランス（1936年）が離脱して、国際経済・通貨システムとしての金本位制が事実上終焉した後は、第二次世界大戦終結までの約10年間、グローバルなシステムは存在せず、リーダーも不在の時代が続きました。戦時経済で通常の経済活動が制約されていた期間は、それほどの不便を感じなかったかもしれませんが、戦争終結が視野に入ってくると、新しい国際経済・通貨システムの構築が課題として浮上してきます。今回は、アメリカは逃げることなく、むしろ積極的にリーダーシップを執って、戦後秩序の構築を推し進めていきました。それは、戦前の金本位制およびその崩壊後の経済的混乱が、ナチスやファシズムの台頭を招いたという理解と反省に立っていました。

戦後のシステムは、1944年に国際会議が開かれた場所の名前を取って、ブレトン・ウッズ体制（Bretton-Woods System）と呼ばれました。その詳細まで論じる紙幅はありませんが、ブレトン・ウッズ体制を特徴づける大きな柱は、すべてアメリカの望みに従って設計されました。超大国となったアメリカが、自国の利益を考慮しつつも、世界のためにベストな仕組みだとの信念に基づいて思い通りに作り上げたシステムと言っていいと思います。そしてその過程で、いわばリーダーとしての「前任者」であるイギリスの顔をつぶすようなことを平気で行いました。世界は変わり、今やアメリカが頂点に立っているのだと、世界中の人々はイヤでも認識したはずです。ところが、このシステムは実質的に10年強しか持ちませんでした。

アメリカが心血を注いで作り上げたブレトン・ウッズ体制という「現場」は、なぜ短期間で崩壊してしまったのでしょうか？　それがドルの命運に与えた影響はどのようなものだったでしょうか？

本章では、アメリカがどのような考慮からブレトン・ウッズ体制を作っていったか、それが他国（特にイギリス）にどのような影響を与えたかを概観した上で、ブレトン・ウッズ体制をわずか10年そこそこで「殺して」しまった犯人を特定していきます。

ブレトン・ウッズ体制の構築

ブレトン・ウッズ体制は、第二次世界大戦からの復興と、国際経済の円滑な発展のために、英米両国が戦時中から数年にわたって議論を重ねた結果生み出された、ＩＭＦと世界銀行という二つの国際機関を中心とするシステムです。[26] ソ連の勢力圏の社会主義陣営や一部の国は加盟しませんでしたが、他のほとんどの国は、加盟時期の違いはあったにせよ、最終的に条約を批准して（すなわち法的な拘束力を受け入れて）このシステムに参加しました。

ブレトン・ウッズ体制の三本の柱は、安定的な通貨制度、経常収支不均衡の調整、そして多角的な自由貿易体制でした。順番に見ていきましょう。

通貨安定の源泉

金本位制下では、各国通貨の価値を金の一定量と結びつけることで、通貨を安定させました。しかし第二次世界大戦後に再度金本位制を導入することは現実的ではありませんでした。なぜなら、終戦時に世界中の金の7割ほどがアメリカに偏在していたためです。ドル以外の通貨は、何を基礎（いわゆる「アンカー：錨《いかり》」）として安定を図ったらよいのでしょうか？

ブレトン・ウッズ体制はその解決策として、各国通貨を直接金と結びつけるのではなく、ドルを通じて間接的に金と結びつけることとしました。つまり、各国は自ら金を保有するのではなく、金と結びついたドルを外貨準備として保有しました。法的には、各国通貨の平価（＝固定された為替レート）を金あるいはドルにより表示することが定められ（ＩＭＦ協定第４条）、一方でアメリカが各国の中央銀行に対して、金１オンス＝35ドルという公定価格でドルと引き換えに金を供給する約束をしたのでした。各国にとっては、いつでも金と交換できるドルを保有すれば、金を保有しているのと同じ効果をもたらすと理解されました。これを「金・ドル本位制」と呼びます。

これによって、アメリカ主導で策定したＩＭＦ協定は、国際通貨体制の中でドルだけが特別な地位を有していることを明確に宣言したわけです。他の全ての通貨の価値の基盤はドルとなり、ドルの地位は法的に確立されました。これ以降、ブレトン・ウッズ体制における制度上の基軸通貨は唯一ドルのみとなりました。それこそ、アメリカの目指したものだったのです。

このことは、当時、金・ドル本位制への対抗策として、一部の論者によって主張されていた「基軸通貨提案（Key Currency Proposal）」へのアメリカ当局の対応から明らかです。この提案は、ＩＭＦのような大掛かりな仕組みを作るのではなく、ドルとポンドの間に固定レートを設け、他の国々は希望があればドルないしポンドに固定していく、というものでし

26　第三の機関として設立が合意された、自由貿易体制を推進する国際貿易機関（ＩＴＯ）はアメリカ議会が反対したため結局設立されず、暫定的なＧＡＴＴ体制を経て、ブレトン・ウッズ体制崩壊後の１９９５年にようやく世界貿易機関（ＷＴＯ）として設立されました。

た。金という価値の安定した希少金属を介在させずに全ての通貨の価値を固定化させようという、斬新ではあるがおそらく機能しなかったであろう提案ですが[27]、アメリカ当局はこの提案を歯牙にもかけずに一蹴しました。

グローバルな通貨問題を英米だけで決めていいのか、というのが表向きの理由ですが、ブレトン・ウッズ会議では事実上英米だけで（さらに言えば肝心なところはアメリカだけで）あらゆる問題を決めていたのですから、あまり説得的でありません。しかし、アメリカ当局は、基軸通貨提案よりもＩＭＦの方が優れていると繰り返します。ＩＭＦの下では貿易が活発化するから、（基軸通貨提案で想定されているような）イギリスへの二国間の特別援助は不要となる、などと言いますが、要はアメリカのみを特別扱いするＩＭＦが、英米双方に均等に特別な地位を与える基軸通貨提案よりも望ましい、ということだったのではないかと考えます。ありていに言えば、イギリスに特別な地位を認める意思はない、ということです。

結果として英ポンドは、その他大勢の通貨の一つとなりました。もちろん、ポンドはその後も主要な国際通貨の一つとして、貿易や投資に用いられ、また多くの国の外貨準備の一角を担い続けます。しかし、法的にも実質的にも、以後の国際通貨システムはドルを中心に周回していくのです。

経常収支不均衡への対処

経常収支の赤字国は、その赤字分の支払いを黒字国に対して行わなければなりません。その支払いは、金本位制下では、理念的には金準備（中央銀行の保有する金の現物）で行われますが、戦後の金・ドル本位制下では外貨準備（ドル）を取り崩したり、海外から外貨を借りたりして賄うことになります。

さて、終戦時、イギリスは当分の間経常収支の赤字を継続するであろうと予想できました。国内の生産設備はドイツ軍の空襲の被害を受けていましたし、海外の資産も多くは売られたり戦災被害を受けたりしていました（このような損害は、戦勝国敗戦国を問わず多くの交戦国に共通でしたが、アメリカはほとんど無傷でした）。競争力ある製品を国際市場（特にアメリカ市場）に送り込む余裕はありませんから、輸出を通じた外貨稼ぎはできませんが、生活必需品の輸入を続けるには何といっても外貨が必要です。

27　当時の英米両国の経済力の差を考えると、ポンドがドルとの固定相場を維持するためにはアメリカから英国に対する多額の継続的支援が必要であると認識されていました。また、仮にドル圏諸国がドルと、スターリング圏諸国がポンドと固定したとすると、双方の景気循環や国際収支の状況の相違からくる圧力が、すべてドルとポンドの固定相場にかかってきてしまい、頻繁にポンド・ドルの為替レートを変更しなければならなくなっただろうと考えられます。

そこで（イギリス人の）ケインズは、経常収支赤字の穴埋めに外貨を用いなくて済む仕組みを考えました。各国が一種の決済機関（清算同盟）に所属して、経常赤字の際には事前に分配されていたバンコールという単位で「ツケ払い」をするというものです。それにより、経常収支赤字国は外貨（ドル）がなくても輸入を継続できるようになります。経常収支と現実世界の通貨との関係性を遮断するとは、「さすがケインズ！」と言うべき大胆な提案です。

バンコールによる対外支払いのツケには利子を支払わないといけませんが、外貨獲得のために国内で失業者を増やすデフレ政策を採る必要はなくなります。ツケの累積額が分配額の2分の1を超えると段々赤字縮小のための措置を採るよう求められますが、それまでは無条件です。さらに画期的だったのは、経常収支が黒字の国にも不均衡是正の責任を負わせようとしたことでした。黒字国は、赤字国からツケの証文として受け取ったバンコールが事前の分配額の2分の1を上回ると、累積分について利子支払いを求められるなど、黒字縮小のための種々の措置を採らざるを得なくなるように設計されていました。つまり、赤字国・黒字国双方に、経常収支をなるべくバランスさせるよう仕向ける考え方でした。

アメリカは、この提案をどう受け止めたでしょうか？　戦争が終われば、アメリカは疲弊したヨーロッパやアジアに長期にわたって物品を供給し、貿易の黒字を継続することが予想できました。ケインズの提案では、アメリカが輸出の結果得られるのは単なるツケの証文であり、赤字国から輸入するものがなければ単なる紙切れです。しかも、使い道がないからと、その紙切れを貯めておいたら、やがて利子も支払わなければなりません。強い経済力を持つことを罰するような仕組みに、わざわざ乗るはずがありませんでした。

アメリカ側の考えでは、経常収支のバランスに向けて努力するのはあくまでも赤字国でなくてはなりませんでした。その根底には、赤字国はそもそも身の丈以上に消費しているから輸入が増えているのだ、という一種の道徳的批判があったように感じられます。いずれにせよ、アメリカはこの基本的な原則に妥協しませんでしたので、イギリスもやむなくこれを受け入れます。アメリカの考えに沿って作られたＩＭＦの枠組みでは、経常赤字国は、外貨準備が不足する場合、一時的に外貨（ドル）をＩＭＦから借り入れて経常赤字を埋め合わせ、同時に輸入縮小・輸出振興のための経済政策を採って、経常収支黒字化を目指すことが求められました。一方の黒字国（アメリカ）は、ＩＭＦが他国に貸し出したドルに対する利子を受け取ります。ケインズ提案では黒字国もコストを負ったのですが、ブレトン・ウッズ体制では黒字国は利益だけを得ることになります。

多角的な自由貿易体制

19世紀のいわゆる帝国主義列強は、自由貿易を旗印にアジアやアフリカに進出していきます。遅れてきた経済大国のアメリカも、自国の幼稚産業は保護しつつ、ヨーロッパ諸国の植民地や中国大陸の市場での平等な機会を強く求めました[28]。しかし大恐慌以降、主要国は自給自足体制への志向を強め、ブロック化を推し進める方向へと転換したので、第二次世界大戦後には、ブロック経済が相互に「ゼロサム」的な政策を採ったことが各国間の対立、ひいては世界大戦につながったとの反省が一般的となりました。特にアメリカでは平和を推進するために多国間の無差別の自由貿易が不可欠だ、との考えが強くなり、ブレトン・ウッズ体制でもその考え方が貫かれています[29]。

一方イギリスは植民地や自治領との結びつきが強く、1930年代以降は、これらの属する英連邦内で優先的に交易して、外からの輸入品には関税をかける体制にありました。まさしく、対外差別的な貿易体制そのものです。しかも先述の通り、戦時中はスターリング・ブロック内でなるべくドルを用いない貿易を行っていましたから、アメリカの求めるような無差別の自由貿易を行うために必要な外貨（ドル）は不足しています。

1941年の武器貸与法はイギリスにとっての生命線でしたが（第二章）、その施行細目と言うべき「英米相互援助協定」には、武器貸与のお返しにイギリスからアメリカに対して供与される恩恵として、イギリスが貿易における差別的な扱いの全廃に向けた行動をとる旨が、既に含まれていました。チャーチル首相以下イギリス政府は難色を示しますが、今すぐに全廃が求められるわけではない、との理解に立って1942年に調印しました[30]。イギリスとしては、武器貸与法で支援を受けている以上、最終的にはサインしない選択肢はなかったのでしょうし、アメリカも戦争遂行にイギリスの協力が必要であったため、実行のタイミングを曖昧にした宥和的な態度をとったのかもしれません。

しかし、戦後は態度が一変します。終戦直前に、比較的親英的なルーズベルト大統領が死去してハリー・トルーマン大統領に代わったことがその一因とする見方がありますが、おそらく終戦によってイギリスを戦線にとどめておく必要性がなくなったため、現実的考慮が後退して、アメリカの原則論が復活してきたものと思われます。

当初イギリスは、戦争終結後も武器貸与法に基づく支援が継続されることを望みますが、それが戦後にアメリカ側から一方的に終了を宣告されると、無償の資金援助を求めました。

28　ルーズベルト政権で国務長官を務めたコーデル・ハルは筋金入りの自由貿易論者で、日米開戦前の日米交渉の際、いわゆる「ハル・ノート」でも通商上の平等を求めています。

29　もっとも、その後アメリカでは、日本や中国との貿易摩擦の際に自国産業保護的な動きを見せたり、昨今の経済格差の根源だとして自由貿易を指弾する政治的な声が高まったりしています。

30　チャーチル首相が後に語ったところによると、ルーズベルト大統領との間で、アメリカも保護関税の廃止を約束しているわけではないし、英国も英連邦特恵関税の廃止を約束していない、という相互理解に達したとのことです。

それが無理だと分かると、次は無利子の借款（ローン）を要請し、それも拒否されて金利2％の借款に合意します。金額も当初の60億ドルの要請が、最終的には37・5億ドルに値切られました。借款の協定にはイギリスが多角的貿易の義務を負うことが記され、協定発効後1年以内にスターリング・ブロック内のドル・プールは廃止されること、英連邦諸国はポンドやドルを自由に使えるようになること、戦時中に累積したポンドは他の通貨（すなわちドル）に交換できるようになること、等が定められました（ポンドの「交換可能性」の回復）。

このプロセスを見ると、第二次世界大戦中にイギリスが対独戦争の最前線で戦ったことを多として、アメリカはきっと寛大な態度でイギリスに臨むだろう、とのイギリス側の勝手な思い込みが次々と裏切られていく様子が明らかです。米国内の世論を読み違えたと言えばそれまでですが、やはりイギリス側の大国意識が抜けきれておらず、イギリスが頼めば新興国のアメリカは断れないだろう、という潜在意識があったのではないでしょうか。

終戦時点で世界最大の工業国であり輸出国であったアメリカとしては、各国に残る保護関税を撤廃して多角的な自由貿易を推進するのが、国益に沿っていますし、世界平和推進の錦の御旗もあります。その大前提の下で、「ライバル」のイギリスに塩を送る必要はない、という明確な態度が見て取れます。もちろんイギリスにしても、長期的にはスターリング・ブロックを解体し、多角的な自由貿易を行うことがイギリス自身の国益に沿うことはわかっていました。ただ、終戦直後の段階で一気呵成に行うのは非現実的だ、一緒に戦った兄弟国に冷たいではないか、とむなしい抵抗を続けました。しかし、アメリカから輸入する代金（ドル）に事欠くイギリスとしては、ドル借款は生死の分かれ目であり、いかにその条件が非現実的、屈辱的であったとしても、受け入れざるを得ない立場にありました。

借款協定発効1年後の1947年7月に約束通りポンドがドルに交換可能となると、交換要請が殺到して外貨準備が激減したため、イギリスはわずか1か月でポンドの交換可能性を停止し、1949年にはポンドの30％切下げに踏み切りました。ほんの30年ほど前まで世界を牛耳った基軸通貨国の面影は、そこにはありませんでした。まさにとどめを刺されたのです。

イギリスへの冷たい仕打ち

第二次世界大戦終結時にイギリスは破産状態でしたし、戦争で荒廃したロンドンの金融市場には、ニュー・ヨーク市場に対抗する力は残っていません。従って、世界経済を支える最重要の通貨の地位が、英ポンドからドルへと移行したのは、いわば自然の摂理でした。しかし、ブレトン・ウッズ体制を構築していく過程でアメリカは、意図的にイギリスの経済的利益に反する行動をとり、イギリスの没落をことさらに強調したように見えます。

ブレトン・ウッズ体制では英ポンドは何の特別な地位も与えられず、経常収支赤字と外貨不足に対応する二国間支援（ローン）は厳しい条件を付された上、英連邦諸国に支えられた特権も否定されて、英ポンドは衆人環視の下で暴落した挙句に切下げを余儀なくされるという屈辱的な扱いを受けました。

なぜアメリカはこのような行動をとったのでしょうか？

経済的には、当時のアメリカ政府が、ケインズ提案のバンコールは赤字国に実力以上の消費を安易に許して世界的なインフレ要因となると考えたことがあります。自由貿易推進の立場から、スターリング・ブロック解体を強く求めたのも理解できます。

政治的には、終戦時にアメリカの世論が、イギリスを政治・経済上のライバルとみなし、「米国の目的に対して、ソ連ほどではないにしても、ほとんど同じ程度の脅威を与えるものとみていた」という事情がありました[31]。それは、反植民地を旗印とするアメリカが感じたイギリスの帝国主義的な姿勢への反発と、資本主義を重視するアメリカが抱いたイギリス労働党政権（１９４５年７月成立）への違和感の双方から紡ぎだされてきたものと思われます。加えて、戦争が終わったのだから政府は国内支援に注力すべきで、イギリスに甘い条件の支援をするべきでないとの世論にも影響されたのでしょう。やがてソ連との対立が激化すると米国内の対英世論が軟化しますが、後のスエズ危機（１９５６年）でも、英米間の摩擦はアメリカがイギリスに経済的圧力を加えることでイギリスに譲歩を迫る形を採りました。[32]

さらに根底には、今や世界のリーダーとなったアメリカとしての自負があったのでしょう。イギリスに代表される、ヨーロッパ中心の古いやり方ではなく、アメリカが自らの思想に基づいて新しい世界を確立していく意気込みが感じられます。イギリスからすれば「恥をかかされた」恨みがあったでしょうが、新旧交代の過程ではやむを得ないことだったように思われます。

ドル覇権の確立

こうして、戦後の国際経済・通貨システムはアメリカの理念に基づいて、有無を言わせぬ強いリーダーシップの下で構築されました。

とはいえ、それをアメリカの利己的な動機だけに基づくもの、と考えるのは一面的です。

31　リチャード・N・ガードナー『国際通貨体制成立史』村野孝・加瀬正一訳　東洋経済新報社　1973年

32　1956年当時、ポンド売りの圧力にさらされていたイギリスは、ドル売り・ポンド買いの介入を継続するための外貨準備の増強が最大の課題であり、IMFからの融資を要請していました。一方、エジプトのナセル大統領によるスエズ運河国有化宣言に反発した英・仏・イスラエルによるエジプト侵攻に激怒したアメリカは、イギリス軍の撤兵まではイギリスへのIMF融資に賛成しない方針を明確にし、イギリスを屈服させました。

確かに赤字国責任論などはアメリカに有利でしたが、全体としてはアメリカが国際経済の発展に重要と考える原則に基づいており、システムを回していくためのコストも能動的に背負ったことは忘れてはならないと思います。

例えば、終戦時点で国土が荒廃し、外貨準備もほとんど底をついていたヨーロッパやアジア諸国が、すぐに多角的な自由貿易に基づき、アメリカの巨大な経済力の生み出した物品をドルを使って購入し始めると考えるのは、全く非現実的でした。そのためアメリカはＩＭＦ協定の中に過渡期の特例を設け、戦後の復興が進むまでは、各国が貿易や為替取引に制限を設けることを容認しました。また、特定の通貨が不足している場合には、その通貨の使用に規制をかけることもできました。ドル不足の状況で、各国がドルを国内にとどめるため、自由貿易の例外として対米貿易を規制したり、ドルの国外流出を規制したりするような想定です。さらに、ソ連との対立が明確化する中で、ヨーロッパ諸国にはマーシャル・プランを発動して、ＩＭＦの貸出し能力を上回る巨額の無償援助を行いましたが、これは輸入代金のドル不足に悩む各国にとって、干天の慈雨となったのでした。そしてそれは、冷戦構造が出来上がっていく過程で、西側諸国を経済的に強化する効果も発揮したのは疑いありません。

アメリカはこうした対外援助やソ連圏に対応するための軍事支出を行い、また民間部門も積極的に海外投資を行いました。その結果１９５０年代のドル不足が解消し、各国はそのドルを使って輸入を拡大したり、アメリカへの投資を行ったりすることができるようになっていきます。1958年からヨーロッパ諸国は自国通貨の交換可能性を回復し、自国通貨とドルの自由な交換を認め始めます。

こうして、ブレトン・ウッズ体制が想定したような、貿易などの経常取引が自由に行われ、金・ドル本位制に基づく固定相場制下の各国通貨が相互に自由に交換されるという国際通貨システムがようやく動き始めたのでした。しかし、人々が気付かぬうちに、それは同時にブレトン・ウッズ体制崩壊への第一歩となっていました。

ブレトン・ウッズ体制の欠陥

1960年代のドルを巡っては、二つの大きな問題がありました。

第一は、フランス政府から「途方もない特権（exorbitant privilege）」と批判された問題です。先述のように、経常赤字国は外貨を用いて赤字を埋めなければなりません。そのため、場合によっては国内景気を犠牲にし、失業者を増やしながらでも、金利を引き上げたり輸入を減らしたりして、何とか外貨を貯めていかなければなりません。他方でアメリカは、貿易収支こそまだ小幅の黒字でしたが、多額の民間及び政府資金が国外に流出しており、国際収支は赤字でした。しかし、他国と違って唯一アメリカだけは、外貨獲得の努力をする必要がありません。引締め政策を採ることなく自国通貨（ドル）を刷り増すことで国際収支の赤字を穴埋めできるからです。それは、他の国々にとってはドルが貴重な外貨準備だったため、アメリカ以外の国が喜んでドルを受け取ってくれたからです。他国が努力して外貨を得ているのに比べて不公平だ、と言うのは全くその通りです。

ただ、そのようなドルの流出の背後にある、各国への民間直接投資や、公的な経済援助と軍事的な支援は、各国に恩恵を与えるものでしたし、そもそもドルという特定の国の通貨（ナショナル・カレンシー）を中心に国際通貨システムを築いた以上、ドルが優越的な地位を占めるのはやむを得ないことでした。フランスの気持ちは分かりますが、一方的にアメリカだけが得をしている、というのもやや言い過ぎだろうと思います。

第二に、より根本的な問題は、そのように流出したドルへの信認です。確かにドルと各国通貨との為替レートは固定されています。そのドルは、他国の中央銀行がＦＲＢに持ち込めば、１オンス＝35ドルで金に換えてくれる約束です。しかし、アメリカが保有する金の量が１９６０年頃から急速に減少していったため、流通するドルをすべて金に交換するのは不可能であることが徐々に明らかになっていきました。そうなると、どこかの時点で金の公定価格を引き上げなければ（すなわちドルの価値を引き下げて例えば１オンス＝40ドルとするなど）、金の量とドルの量が釣り合いません。手許にあるドルの金換算価値が下がってしまうかもしれないのですから、早めにドルを金に交換しておこうと思うのが人情というものです。おかげでアメリカの金保有量はさらに減少して、ドルへの信認はますます低下しました。

こうした展開を予想したのがエコノミストのロバート・トリフィンでした。彼は、ドルを保有したいという海外の需要に応えるために、アメリカはドルを供給しなくてはならないが、海外で保有されるドルの量が増えるほど、金と交換するとの約束の現実味が薄まって、ドルへの信認が落ちてしまうというジレンマを指摘しました（「トリフィン・パラドックス」とか「トリフィン・ジレンマ」と呼ばれます）。

事実、アメリカは１９６０年代に、米銀に海外融資削減を求めたり（後に義務化）、企業の海外投資を規制したり、外国証券の購入者に課税したりして、アメリカからの資本流出を意図的に抑制しようとします。また対外援助を米企業からの購入と紐づけたり、海外に駐屯する米軍のコストをホスト国に一部負担するよう求めることなどでも、ドル流出に対処しました。さらに、主要国に協力を呼び掛けて金の市場価格の上昇（すなわちドル価値の低下であり、ドルと金との交換要請を増やす恐れがあります）を抑えたり、また各国が保有するドルと金との交換を求めないように要請するなど、なりふり構わぬ努力を行い、海外に出るドルを減らし、金の市場価格と公定価格（1オンス＝35ドル）の乖離を小さくし、保有する金の量を維持することでドルへの信認の維持を図りました。

その頃には、インフレ格差の問題も次第に大きくなっていました。1960年代前半には年率1％程度と極めて落ち着いていたアメリカのインフレ率（消費者物価指数上昇率）は、1960年代後半に上昇をはじめ、1970年には6％にもなってしまいました。これは、リンドン・ジョンソン政権での公共支出の増加や、リチャード・ニクソン政権での景気刺激策等の結果ですが、例えば1960年代末の西ドイツのインフレ率は1％台ですから、相対的に弱い（インフレ率の高い）ドルと強い（インフレ率の低い）独マルクを固定相場制で結び付けておくことの矛盾も明らかになってきます。

ブレトン・ウッズ体制の崩壊――国際金融のトリレンマ

1971年になるとドルは切り下げざるを得ないだろうとの見方が強くなり、5月には大量のドル売りが起こって、西ドイツなどは固定相場制から変動相場制に移行し、スイスなどは通貨の対ドルでの切上げを余儀なくされました。同年8月15日、ニクソン大統領は突然8項目の施策を発表し、賃金・物価の凍結や減税といった国内措置と合わせ、10％の輸入課徴金（実質的には関税引上げ）と、ドルと金の交換停止を発表しました。いわゆる「ニクソン・ショック」です。

ドルと金とのリンクが断ち切られたということは、ブレトン・ウッズ体制が、創設後25年

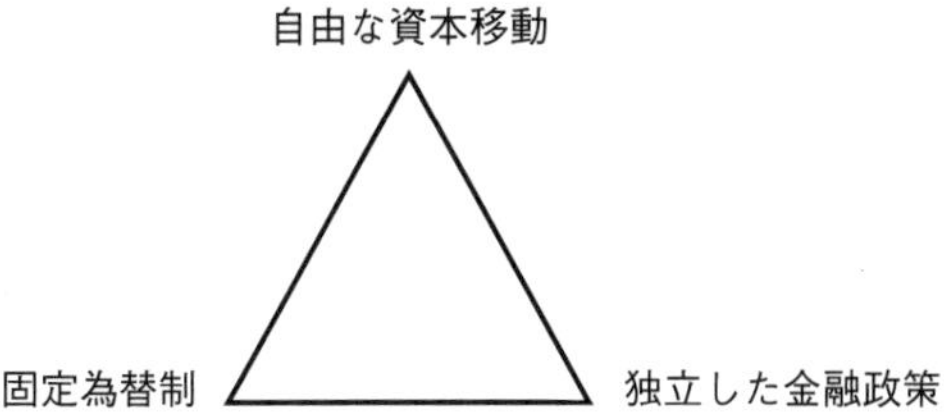

図 3-1　国際金融のトリレンマ

強で崩壊したことを意味します。主要国通貨の交換可能性回復で、ブレトン・ウッズ体制が想定通りの機能を果たすようになってからだと、15年も持ちませんでした。戦前の反省に立って、国際経済・通貨情勢の安定を目指した体制が、なぜこれほど早く崩壊してしまったのでしょうか？

その謎を解くカギは、「国際金融のトリレンマ」と呼ばれる三角形にあります（図3-1）。と言うと推理小説の謎解きのようですが、それほど複雑ではなく、むしろ単純な枠組みです。経済学者のロバート・マンデルが提唱しました。

これは、（a）為替の安定（固定相場制度）、（b）国内景気に合わせて独立した金融政策を策定する自由、（c）国境を越えた資本移動の自由、の三者を同時に満足させることはできず、せいぜい二つまでしか同時成立しない、という考えです。ブレトン・ウッズ体制下では、各国の為替レートは固定されていましたが、各国は不景気なら利下げ、インフレなら利上げといった具合に、自国の状況に従って自由に金融政策を行っていました。ここで資金が自由に移動できるならば、高収益を求めて金利の低い国から高い国へと資金が移動するでしょう。しかし大量の資金が高金利国に向かえば、その国の為替レートには上昇圧力がかかりますので、やがて固定相場が維持できなくなる恐れが強まります。アメリカの例で考えると、金利は1960年代末まで主要国に比べて低い水準で維持されており（独立した金融政策）、海外への投資が徐々に盛んになる中で（自由な資本移動）、ドルの為替レートに下落圧力がかかって、やがて固定相場を維持できなくなるのは当然の帰結でした。

19世紀の金本位制下では、金融政策が金本位制の維持に活用されましたので、為替レートに下落圧力がかかると国内の景気を無視して金利が引き上げられることが珍しくなく、そのため恐慌がしばしば起こりました。しかし第二次大戦後は、国民生活の向上や完全雇用の実現が民主主義国家の優先事項となりましたので、金融政策は国内に目を向けざるを得ません。

直接投資のように長期にわたる投資はともかく、金利や株式相場の動きで収益を挙げようとする短期的な投資資金の流出入は国際金融秩序を不安定化させ得ると、戦前からすでに広く認識されていました。まして、戦後は金融政策が国内優先になりますから、ケインズはブレトン・ウッズ体制構築に当たり、各国が資本移動を適宜規制できるようにすべきだと強く主張していました。アメリカは、金融機関からのロビー活動もあって必ずしも全面的に賛成せず、ＩＭＦも後に発足するＯＥＣＤも、資本移動の自由を原則とした上で、例外的に加盟国が資本移動を規制できる、という構成にしました。こうして主要国は、徐々に資本規制を緩和していき、それに伴ってトリレンマの三角形の圧力が高まっていったのでした。

基軸通貨としてのドルを「殺した者」

ブレトン・ウッズ体制は、ドルを制度的・法的な心柱とするシステムでしたが、基軸通貨としての役割を果たすためにドルを世界に供給することが、システム自体の土台をむしばむ結果となってしまいました。

アメリカがドルを供給するほど、アメリカが保有する金の保有量との乖離が明らかとなりましたし、他方で各国が資本の自由化を進めるにつれ（アメリカは自由化の旗振り役でもありました）、固定為替レートを維持するのが難しくなっていきました。最後はアメリカが一方的に、ドルと金との交換の約束を反故にし、また（若干の最後の悪あがきの後に）固定為替レートのシステムを放棄して、ブレトン・ウッズ体制に終止符を打ちました。

その結果、ブレトン・ウッズ体制という制度と結びついた基軸通貨としてのドルの命運は絶たれました。ドルはブレトン・ウッズ体制という「現場」で「殺された」のです。

しかし、第一次世界大戦で疲弊した英ポンドが、金本位制という「現場」と共に斃れて復活できなかったのとは異なり、ドルはブレトン・ウッズ体制という「現場」を捨てることで、その後も生き延びました。

1971年時点のアメリカはまだ世界一の経済力を有し、他に代わる国がありませんでした し、当時は冷戦の絶頂期で、アメリカが斃れてしまっては他の西側諸国も困ります。そのためアメリカは世界最大の経済大国としてリーダーシップを執り続けることができました。同様に、ドルも基軸通貨の（法的）地位を失ったにもかかわらず、他に代わる通貨がなかったことから、引き続き最有力のキー・カレンシー、あるいは覇権通貨の地位を維持することができました。そして、それは他国の政府・中央銀行や、民間企業・投資家にとっても好都合だったのです。

コラム4：SDR

1960年代後半以降、主要国は、ドルを中心とする体制が機能し続けるように、ドルを補完する役割を担う通貨や資産を育てていくイニシアティブを採ってきました。これは、ドルが不足している際にはドルに代わるような信用力のある決済手段を十分な量だけ用意することを意味するでしょうし、ドルの信認が落ちて価値が暴落するような状況では価値の安定した資産を選択肢として提示することを意味するでしょう。

そのような努力の最初の成果は、ブレトン・ウッズ体制下で考案された「特別引出し権（SDR：Special Drawing Rights）」です。これは、経常収支の赤字国が赤字を穴埋めする際にドルの代わりに用いて決済できる資産で、ドルと同価とされました（後に、主要通貨の加重平均〔バスケット〕で価値を計算するように変更されました）。仕組みとしては第三章で触れた「バンコール」に類似したものであり、IMFの加盟国にクォータ（出資比率）に応じて配分されます。あくまでもIMFの加盟国間でやり取りすることを前提にしており、ドルが市場で不足している状況でも、ドル調達のコストをかけずに、赤字国が黒字国に対する支払いに充てることができる資産です。SDRが配分されると、加盟国の外貨準備に配分額と同額のドルが加わったのと実質的に同じ効果がありました。

もっとも、1969年の創設の頃には、すでに「ドル不足」ではなく「ドル過剰」が問題となっていましたし、ブレトン・ウッズ体制崩壊後はドルの価値が下落し、金融の自由化が進んでドル調達が容易になったこともあり、SDRは長い間いわば「無用の長物」として扱われていました。その後2008年の金融危機の後、ほぼ30年ぶりにSD

Ｒの新規配分が行われましたが、その目的はドル不足の解消というよりは、各国の外貨準備を増強して危機の波及に備えるという予防的な性格に変質していました。２０２０年の新型コロナ危機の後の配分も同様です。とはいえ、ＳＤＲが信用力のある資産であることは間違いありません。

しかしＳＤＲにはドルと比べて根本的な違いがあり、ドルを補完すると言ってもできることはかなり限られています。

まず第一に、ＳＤＲは通貨ではなく、あくまでもＩＭＦ加盟国の間の約束に基づいて取り引きされる資産なので、使途が限られており、何よりも民間主体が使用することはできません。その結果、政府が銀行から借りた債務の支払いにＳＤＲを用いることはできませんし、輸入品の代金として企業に支払うこともできません。そのためには、他のＩＭＦ加盟国に頼んでドルやユーロなどのハード・カレンシーに交換してもらう必要があります。また、外貨準備の中のドルを使ってしまえばそれまでですが、ＳＤＲは他の加盟国に渡して当初の配分額を下回ったら、その分の利子を払う必要があります（ＳＤＲを受け取って当初配分額を上回った国は、その分の利子収入を得ます）。

第二に、ＳＤＲはＩＭＦへの出資比率に応じて配分されるので、金融市場での資金調達が難しいと想定される途上国や最貧国（経済規模が相対的に小さいのでＩＭＦでの出資比率も小さいのが普通です）が、資金需要に応じた額のＳＤＲを配分されるとは限りません。

第三に、ＳＤＲの配分はＩＭＦの加盟国の決定によるのでどうしても時間がかかります。事実、１９６９年に創設されて以来現在まで、４回しか配分されていません。資金需要のある国にとっては、市場で臨機応変に資金を調達するのに比べて、圧倒的に不便です。

最後に、これまでの配分額を合計しても、ＳＤＲの残高は１兆ドルに満たず、これはドルの残高（Ｍ２：現金と預金など）の４・５％ほど、ユーロの残高の６％ほどに過ぎません。

つまり、ＳＤＲが国際金融・経済システムの中で「基軸通貨」のような中心的役割を果たすのはそもそも無理であるのはもちろん、上述のような制約を考えると、ドルの役割を補完するといってもかなり大きな限界があると言わざるを得ません。

第四章

ゴッドファーザー

生き延びたドル秩序

ブレトン・ウッズ体制の崩壊後、国際通貨システムに制度上のアンカーはなくなりました。各国は1971年12月に、それぞれの通貨同士の為替レートを再度固定する合意をします（スミソニアン合意）が、その際、FRBにドルが持ち込まれればそれを一定の公定価格で金に交換する、とのアメリカの約束は再導入されませんでした。ドルと金のリンクは完全に断たれ、「金を裏付けとするドル」によって「裏付けられた個別通貨」という三段論法は力を失って、各国通貨の安定性の源泉は存在しなくなりました。各国に、この新たな固定相場体制を積極的に支えようとする動機は乏しく、当然のように、再導入された固定相場制もすぐに崩壊して、1973年から主要国の通貨は市場の需給を反映して相互に変動することになりました（変動相場制）。

それにより、国際通貨システムは「ノン・システム」に移行した、と言われました。となると、ドルの地位は何ら特別なものではなく、各国の通貨と（少なくとも法的には）同一の立場になります。これまではドルを保有していれば、金に交換してもらえる（はずだ）とのメリットがありました。それがなくなり、しかもドルの価値（＝為替レート）は明らかに下落しているのですから、今後の商取引や投融資にドルを使う必然性はありません。にもかかわらずドルは依然として、中心的通貨として用いられ続け、現在に至っています。強制されているわけではありませんが、各国の企業・金融機関・中央銀行などはドル秩序を受け入れ、ドルの覇権に従っています。

確かに、過去50年余りの間にアメリカ経済は何度か危機的な状況に陥りましたし、ドルが暴落したこともありました。それでもドルは不死鳥のごとく蘇り、覇権通貨の地位を守り続けています。それはなぜでしょうか？　そしてその結果、世界経済にはどのような影響が及んだのでしょうか？

アメリカの直面した危機

ドルの価値を主要通貨との関係で示したドル指数を見ると、この50年間に何度か大きな変動があったことが分かります（図4-1）。

このうち次に記す3回の局面は、アメリカ経済が危機的な状況に陥り、それを反映してドル価値が急速かつ大幅に下落しました。

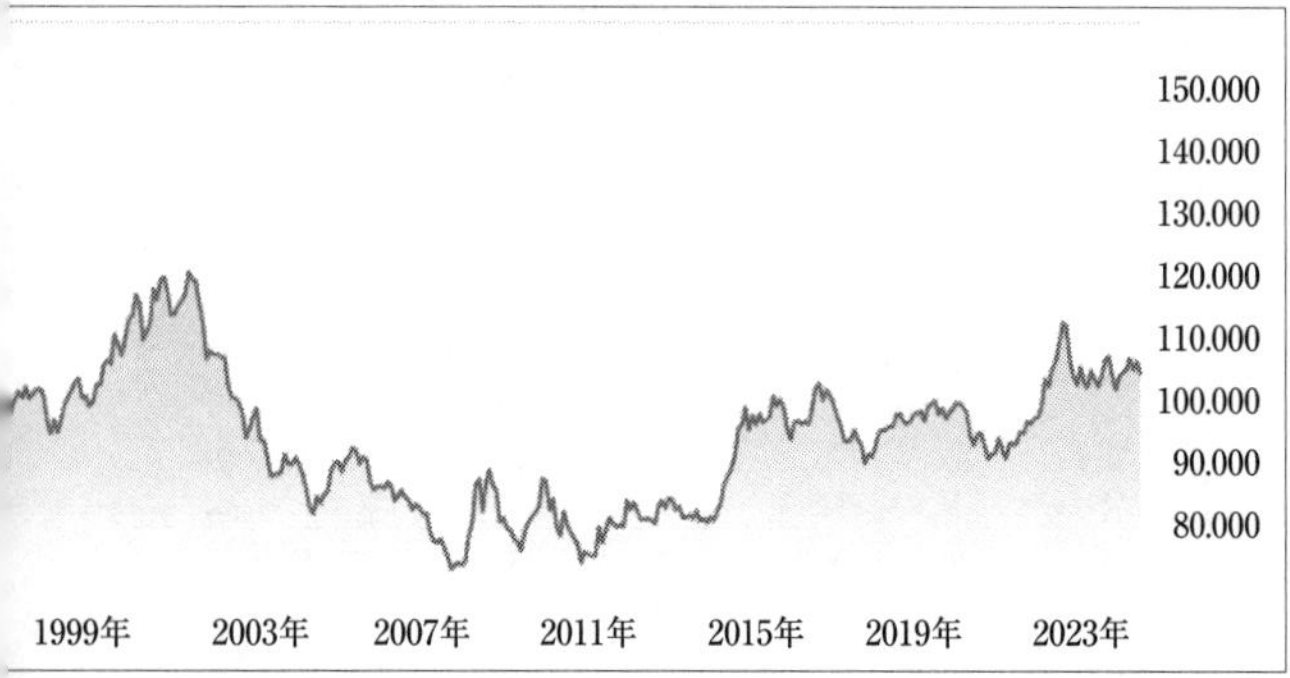

（出典：TradingView）

（1）1970年代後半

二度のオイルショックによるインフレと、ベトナム戦争やウォーターゲート事件による政治への信頼低下でアメリカ経済は停滞し、製造業が衰退しました。1977年10月から1978年10月までの1年間でドルは主要通貨に対して約2割下落し、ジミー・カーター政権はドルの暴落に対処するため、為替介入と利上げを含むドル防衛のパッケージ策を発表するに至りました。

（2）1980年代後半

ドルは1980年後半から1985年前半までの4年半でほぼ9割上昇しましたが、第一期ロナルド・レーガン政権はドル高を放置したため、いわゆる双子の赤字（財政赤字と経常収支赤字）が急増し、日米・日独との貿易摩擦が激化しました。

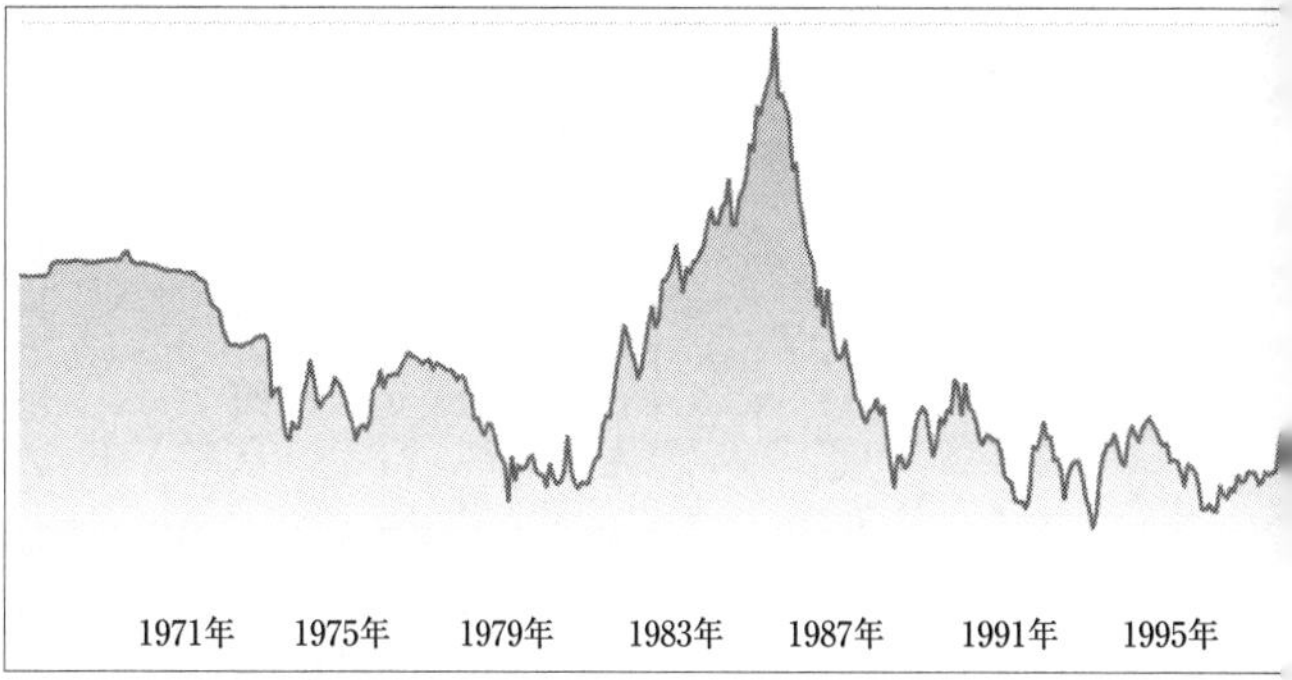

図 4-1　ドル指数の推移

第二期レーガン政権は方針を変更して、今度はドル価値をほぼ半減させるまで人為的に押し下げました。歴代政権は90年代まで保護主義的な政策を採り、黒字国に圧力をかけました。

（3）2000年代

ITバブル（ドットコム・バブル）が崩壊した後、FRBは経済を下支えするために利下げに転じましたが、やがてそれが住宅バブルを生みだします。金融技術を駆使したデリバティブ取引は、住宅価格が下落に転じると巨額の損失となり、金融機関や一般企業が数多く倒産したり、公的資金で救済されたりしました（世界金融危機。いわゆる「リーマン・ショック」）。

このようなローラーコースターのような動きに各国通貨がついていくのは簡単ではありませんし、

必ずしも適切とは言えません。アメリカ経済との結びつきが特に強い一部の国を除いては、対ドルの為替レート安定を至上命題とすることは、かえって自国経済に大きな負荷をかけかねません。他方で、対米黒字国の日独は、為替市場での急激な円高・マルク高に苦しみ、逆に対ドル相場の何らかの安定を模索せざるを得ませんでした。

ブレトン・ウッズ体制崩壊直後、当時のコナリー財務長官は他の主要国との国際会議の場で、「ドルは我々の通貨だが、お前たちの問題だ」と言い放ちました。ドルが不安定でも、困るのはアメリカ以外の国だから、自分たちは関知しないという、ある意味極めて正直な発言ですが、ほとんどボスが手下に向かって言っているようです。アメリカの当局が現在に至るまでこうした考えを持っているかは不明ですが、困るのは他国だ、という客観的な事情は変わっていないのです。

サバイバーとしてのドル

金本位制やブレトン・ウッズ体制のように硬直的な固定為替相場制度では、激しいドルの変動は吸収できません。仮に固定的な制度が続いていたら、当然これまでに何度も為替レートの全般的な変更（切上げ・切下げ）が行われ、その度に世界経済に大きなストレスがかかったことでしょう。その意味で、変動相場制への移行には大きなメリットがありました。

他方で各国当局、そしてもちろんアメリカが、固定相場制の時代のように為替レートの安定に留意した経済運営をしなくなり、その結果特にドルが大きく変動して他国の頭痛の種となったわけです。

それなのに、なぜドルは引き続き最重要の国際通貨の地位を維持できたのでしょうか？基軸通貨としてはブレトン・ウッズ体制の抱える矛盾によって「殺されて」しまったドルは、なぜキー・カレンシーとして生き延びることができたのでしょうか？

ドルを生かした者

主要な国際通貨の条件として、経済学者のメンジー・チンとジェフリー・フランケルは、（1）その国の経済力や貿易パターン、（2）その国の金融市場の成熟度、（3）その通貨の価値への信頼、（4）ネットワーク外部性、を挙げています。（4）のネットワーク外部性とは、他のみんなが使っているので、自分が使うメリットが大きくなる、という意味です。さらに、ある通貨が長期にわたって主要な地位を占めていると、それに即したように人々の意識も固定化しますし、様々な仕組みも構築されますので、慣性の法則が働いて、なかなか通貨の切り替えが起こらないと論じられています。その結果、他人も使用をやめないし、他人が使っていれば自分も使い続けるメリットがあるから、積極的にドルを選ばないとしても、消極的にドル使用を継続することに問題はない、ということになるわけです。
ブレトン・ウッズ体制崩壊後のドルの状況に当てはめてみましょう。

（1）経済力

１９７０年代以来現在まで、アメリカ経済は依然として世界最大であり、各国がアメリカ市場へのアクセスを求め、あるいはアメリカ製品の輸入に価値を置きました。終戦直後は世界のＧＤＰの約半分を占めたアメリカ経済は、１９７０年代には世界経済の約３分の１までシェアを縮めていますが、当時の西欧諸国や日本のシェアはせいぜい数パーセントですので、アメリカが群を抜く大きさだったことが分かります。

現在のアメリカ経済のシェアは25％とさらに低下していますが、それでもＩＴ産業やエンターテインメントなど、アメリカの生み出すモノやサービスは世界中で魅力を発揮しています。

（2）金融市場

ニュー・ヨーク市場に代表されるように、アメリカの金融市場は規模が大きく、深みがあります。加えて、20世紀後半には、規制の緩いユーロドル（ユーロダラー）市場が発展しました。

もともとは、自国でなく規制の比較的緩い他国（特にヨーロッパ）の金融機関に預けられた資金一般のことをユーロマネーと呼びますが、最も取引量が多かったのはユーロドルであり、１９５０年代後半からアメリカ国内の金融規制をかいくぐる形で、ロンドン市場を中心にユーロドル取引が盛んになってきました。特に１９７０年代の二度のオイルショックを経て多額のドル資金を得た産油国は、それをユーロドル市場を使って運用しました。[33] そのため、資金を調達したい世界中の企業や政府にとって、ドルは最も潤沢で、容易に借りられる通貨となりました。世界金融危機以降、各国で金融規制が再度強化されたためにユーロドル市場は下火になりましたが、国際金融取引に占めるドルの地位は不動のままです。

（３）信認

国際政治学者のヘドリー・ブルは、「大国」とは、システム全体の存続に影響するような

33　当時は東西冷戦の真っただ中であり、ソ連や中国をはじめとする共産主義陣営は、貿易などで得たドルをアメリカ国内の金融機関に預けるといつ資産凍結されるかわからないと恐れて、ユーロドル市場に置いていたと言われています。

問題を決定するのに一定の役割を果たす権利を有し義務を負うと国際社会からみなされている国と定義しています。[34] アメリカは明らかに、冷戦期の西側諸国の盟主として、重要な問題への解決に大きな役割を負うことを自他ともに当然視していました。まさに大国です。だからこそ、西側先進諸国及びその友好国は、ドルを国際経済・金融システムの中心的存在として受け入れ、国際政治・経済上の危機の際には、リスク回避のために資金を「安全資産」のドルに向けました。

実際、1970年代後半のドル暴落状態が反転した要因は、FRBによる大幅な利上げに加えて、イラン革命で中東情勢が流動化する恐れと、ソ連によるアフガニスタン侵攻が東西緊張を高める見通しを踏まえ、投資家などがリスク回避（すなわちドル買い）に向かったためだと思われます。最近の地政学的対立がドル高の一因となっているのも同様です。

（4）利便性

為替市場では、ドルと円の売買、ユーロと人民元の売買、英ポンドとシンガポール・ドルの売買等々、毎日様々な通貨の組み合わせが取り引きされています。その中で、最も多く取引の対象となっているのはドルです。2022年4月の国際決済銀行（BIS）の調査では、ドルが取引全体の88・5％、ユーロが30・5％、円が16・7％、英ポンドが12・9％、人民元が7・0%でした。[35] これだけ頻繁に取り引きされているということは、ドルを売りたい・買いたい人が他の通貨に比べてずっと多いことを意味します。市場への参加者が増えると（すなわち市場の流動性が高まると）、取引の際の価格の変動が小さくなり、また売りたい人の希望価格と買いたい人の希望価格の差が小さくなります。市場の機能が一層効率的になるわけです。

より一般的に、ドルを使う人とドルを受け入れる人が多いと、取引にかかるコストが下がり、ますますドルを使うことが有利になります。ドル建ての債券を発行すると、他の通貨建ての時よりも購入希望者が多いでしょうし、発行者はより低い金利で発行でき、購入者も流通市場で債券を売却するのに苦労しないでしょう。

これらに加えて、他の要因も挙げられます。

(5) 一次産品価格の通貨建て

原油の大半はドル建てで取り引きされています。そもそも中東の原油は、当初からアメリ

34 Hedley Bull, "Anarchical Society", Macmillan, 1977.
35 売買のどちらかをその通貨で行った場合にカウントされるので、トータルは200%になります。

カの大手石油会社が開発と流通に関わっていましたし、1945年のルーズベルト大統領とアブドルアジーズ国王との会談以来、サウジアラビアが安全保障や経済面でアメリカと深いつながりを持っていたこともあり、ドル建てで取り引きする慣行が自然に生まれたようです。その結果、日本をはじめとするエネルギー輸入国は、原油やガスの対価としてドルを恒常的に調達・保有する必要がありました。多くの農産物でもドル建て取引が通例です。

(6) 他に選択肢がない

1970年代には現実的にドル以外の選択肢は限られていました。経済規模は先述の通り西ドイツや日本でも世界全体の6%程度です。アメリカは国内経済が大きいので、経済規模に比べて貿易量が比較的小さい(当時はGDP比6~8%程度)のが特徴ですが、それでも貿易額で見ると圧倒的な存在感です。例えば、主要国が変動相場制に移行した1973年のモノとサービスの貿易額は、西ドイツはアメリカの4分の3程度、イギリスが3分の2、フランスは半分以下で、日本に至っては3割強しかありません。域内貿易が多いヨーロッパ諸国はまだしも、西ドイツのマルクやフランス・フランを獲得する貿易上の動機は、ヨーロッパ域外の国にはそれほど大きくないでしょう。また、アメリカ企業が引き続き積極的に海外直接投資を行うのに合わせて、米銀の海外業務も拡大していましたが、西ドイツや日本では、為替レートがマルク高・円高に振れると資本の流入規制を強化し、マルク安・円安の際は逆に流出規制を強化するなど、資本自由化への姿勢が慎重で、その分金融機関の海外進出も遅れました。

（7）他国がコスト負担に消極的

最後に、ブレトン・ウッズ体制の崩壊に直面しても、各国にはキー・カレンシーとしてのコストを引き受ける政治的な意思が確立していなかったと考えます。ドルが引き続きキー・カレンシーの役割を担ってくれれば、言葉は悪いですが、それに「タダ乗り」して便益だけ受けようとしても無理はありません。

圧倒的な力

ドルのプレゼンスが高く、ドルを使う局面が多いのであれば、手許にドルを置いておく必要性も高まります。本来、変動相場制下では為替市場への介入が減るので、各国とも外貨準備をそれほど積まなくなるだろうと予想されていましたが、現実には正反対で、ＩＭＦの統計によると、１９７１年末から１９７７年末までに加盟国が保有する外貨準備は2・7倍になり、世界中の外貨準備に占めるドルの割合は、１９７０年代後半には約8割にも達しまし

	1973 年	1977 年	1982 年
米ドル	64.5	79.2	57.9
英ポンド	4.2	1.6	1.8
独マルク	5.5	9.3	11.6
日本円	0.1	2.2	4.1
仏フラン	0.7	1.1	1.0
スイス・フラン	1.1	1.9	2.3
その他	24.1	4.8	21.3

表 4-1　中央銀行の外資準備に占める主要通貨の割合（%）
（出典：Menzie Chinn and Jeffrey A. Frankel “Will the Euro Eventually Surpass the Dollar as Leading International Reserve Currency?”,Working Paper 11510, National Bureau of Economic Research.

た（表4‐1）。

こうして、ドルを最重要の国際通貨として扱う習慣に変化は見られませんでした。ドルを使うことを前提に種々のインフラやビジネス・モデルが作られており、それを変更する特段の理由がなければ、その状況が継続するわけです（慣性）。ドルはブレトン・ウッズ体制という「現場」でかなりの打撃を受けたものの、現場から逃れて生き延びたのでした。

ドル秩序の特徴

こうして世界経済は、今日に至るまでドルを覇権通貨とする秩序の中で生きてきました。金本位制やブレトン・ウッズ体制と異なり柔軟なノン・システムであると述べましたが、他の通貨でなくドルがその中心にあるということは、どのような意味を持つのでしょうか？

（1）アメリカの戦略との一体性

ドルが覇権通貨であることは、アメリカが世界戦略を追求する上で大きなメリットになっています。世界中の貿易や金融取引の多くがドルを用いて行われますので、（その気になれば）アメリカには多くの情報が集まるでしょうし、特定のプレーヤーにドルの利用を拒否する経済制裁をかければ一定の効果が期待できます。ウクライナ侵攻の後には、ロシアの中央銀行が保有する外貨準備まで凍結しました[36]（もっともその多くはユーロ建てだったようです）。

このように、自国（あるいは「西側」、「国際社会」など）の意向を踏まえて、特定の国だけに異なる扱いをするのは、ノン・システムだからこそできることです。ブレトン・ウッズ体制下では、ドルと金の交換要求があっても一部の国には応じない、と公式に宣言することは考えにくいでしょう。

ただ、自国通貨の力を利用して戦略的優位に立とう、という姿勢自体を考えると、覇権通

36　こうした制裁が過剰になった場合の反発も考慮に入れる必要があります（第十章）。

貨がドルでなくても、例えば露ルーブルや人民元であっても、おそらく覇権国は同じようなことを行うでしょうから、厳密にいえばドル秩序の特徴とは言えないかもしれません。

（2）自由主義的イデオロギー

アメリカは冷戦期あるいはその後も、自由主義陣営の盟主として自由主義的イデオロギーを主唱しています。そのイデオロギーは、経済の分野では規制緩和や自由化、そして自由貿易の形で推進されてきました。

もちろん、自由化には行き過ぎもありました。拙速な資本移動の自由化は1997〜98年のアジア危機の要因となりましたし、金融規制の緩和は世界金融危機への道を開きました。環境規制や食の安全に関する規制の緩和では、他国と対立しています。

また、アメリカ自身、国内の産業や雇用を守るために、保護主義的な動きをした例も珍しくありません。最近では、共和党・民主党を問わず、安全保障を理由にして鉄鋼・アルミの関税を引き上げたり、中国との貿易や投資を制限したり、政府調達の際にアメリカ製品を優先したりするなど、自国市場へのアクセスを制限するような措置を採っています。

とはいえ、不十分ではあってもアメリカが自由主義の旗振り役であるのは間違いなく、それが世界経済の発展に貢献してきたことは否定できないと思われます。これほど自由主義的イデオロギーを強力に推し進める国は他にありませんから、「自由化」はドル秩序の特徴の一つと言ってよいと思います。

（3）拡大均衡へのバイアス

ブレトン・ウッズ体制下でアメリカは、経常収支不均衡は赤字国の責任であり、引締め政策が不可欠だ、との立場を採りました。変動相場制のノン・システムとなってもその立場を変えることはなく、1980年代以降に頻発した債務危機や通貨危機の際に危機国がIMFからの融資を受ける場合、利上げや財政赤字削減といった緊縮政策の遂行が前提条件であるべきだと主張するのが常でした。

他方で、アメリカ自身の大きな経常赤字を引締め政策で対処しようとはしませんでした。もちろんアメリカ以外の国の企業・政府・中央銀行がドルを喜んで受け取るために調整努力をする必要がなかった、というのが大きな理由ですが、それだけではありません。アメリカは、経常収支黒字国（日本・ドイツ・中国等）が内需を刺激して、輸入を拡大し経常収支黒字を縮小させるべきだ、と主張したのです。

他の国はともかくアメリカには経常収支赤字縮小のために引締め政策を採る責任はなく、経常収支黒字国にこそ不均衡縮小の責任がある、というわけです。典型的なダブル・スタンダードですが、その理由は、世界最大の経済であるアメリカ市場が各国の輸出品を吸収しているから世界経済が成長しているのであって、アメリカが引締め政策を採ることは世界経済を縮小均衡に陥らせるものだ、それよりは黒字国がより多くの輸入を受け入れて世界経済を拡大均衡に導くべきだ、ということです。アメリカが経常収支赤字の削減に本気で取り組んだら、世界経済は同時不況に陥るだろうが、それでいいのか？　と問われたわけです。

これは、規律を重視して安定的な経済運営を行い、結果として経済成長が潜在的な能力に達しない（すなわち人々は着実だがゆっくりとしか豊かにならない）よりは、ポテンシャルを最大限生かして成長のスピードを上げる方が望ましい、という揺るぎない価値観に基づいています。それにより世界経済の需要が増えて、仮に供給が追い付かずにインフレになったとしても、その際には金融政策で対応できるし、何よりも需要不足のデフレよりは、はるかにましだ、ということでしょう。終戦直後に、ケインズのバンコール案を「インフレ的だ」と退けたのは誰だったか、と皮肉の一つも言いたくなりますが、経済大国には世界経済を引っ張る責任があるのだ、という建前には沈黙せざるを得ません。

しかし主要国は、こうした考えを持つ国ばかりではありません。例えばドイツは規律を重視しますので、自らの経常収支赤字を棚に上げて他国を非難するようなやり方には批判的でした。すなわち、もし世界経済がドイツのリーダーシップの下にあり、独マルクが覇権通貨となってドイツが経常収支赤字をマルクの増刷で苦労なく穴埋めすることができたとしても、ドイツはそのような道を採らずに経常収支赤字縮小のための王道を歩み、国内で引締め政策を行うでしょう。[37]そのような世界では、おそらく世界経済の発展スピードはもっとゆっくりしたもので、我々の生活水準は現在の水準に届いていなかった可能性が高いと思います。

アメリカが規律にとらわれない政策を行い、黒字国にも内需拡大を求めたことが、種々の歪《ひず》みやバブル（及びその崩壊）を伴いながらも現在の空前の豊かさを生み出す源泉となったという意味で、これはドル秩序の特徴と言えるでしょう。[38]

（4）豊富な安全資産の供給

自国の経常収支赤字をあまり気にしない態度は、財政赤字についても同様です。それは、繰り返しになりますが、アメリカ以外の国の企業・政府・中央銀行が喜んでドルを受け取り、そのドルを喜んで米国債に投資しているからです。

37　こうした仮定を証明することはできませんが、ユーロ危機（２０１０年）の際のドイツの主張は、まさに赤字国の規律不足を問題にしていました（第五章）。

38　豊かさが偏在しているという問題、あるいはそれに伴う環境負荷の問題等を忘れてならないのは言うまでもありません。

もちろん、市場で取り引きされる米国債の価格は需給によって上下しますし、過去にはアメリカの財政状況への不安が高まったこともありましたが、米国債が世界最大の安全資産（risk-free asset）とみなされている事実は変わりません。

仮に財政規律を重視するドイツのような国が覇権国であったら、世界中のプレーヤーの需要に応えるだけの国債（安全資産）は供給されないでしょうし、放漫財政でデフォルトを繰り返すアルゼンチンのような国が覇権国であったら、人々は価値の安定した実物資産（金、不動産など）に投資をするので、金融セクターが機能せず、投資資金が必要なところに効率的に回ることはないでしょう。いずれにせよ、世界経済は縮小するか混乱するかのどちらかとなりそうです。

ドル秩序は今後も安泰か？

ノン・システムにおいては、通貨の安定、経常収支不均衡の調整、多角的自由貿易という第二次世界大戦後の三つのテーマは相対化され、国際経済・金融秩序に生じた緊張は往々にしてアドホックな形で、つまり一つの原則に沿ってというよりはケースに応じて、大国アメリカのリーダーシップの下で解決されるようになります。

硬直的なシステムから、柔軟なノン・システムに移行したことで、おそらく世界経済の成長力は向上したでしょう。固定相場制を守るために経常収支赤字国が引締め政策を採る必要性は低下しましたし、世界中の投資機会に資金が効率的に向けられたことでグローバル経済の発展が進んだはずです。[39] その背景には、世界で最も使い勝手が良くアクセスが容易なドルの存在がありました。アメリカの産業が製造業からサービス業へと転換し、特に金融業やデジタル産業が発展して国民経済の主軸となったのは、ドルを世界中に循環させることによる価値の創造が極めて大きいという、ノン・システムの特徴に即したものと思われます。

こうしたノン・システムは、今後も機能していくのでしょうか？　ドルに頼ったシステムは、それなりに各種の危機を乗り越えてきましたので、一定の抵抗力があるのは明らかです。ドルを中心とする秩序（縄張り？）から恩恵を受けてきた各国（手下？）も、秩序の維持に汗をかくでしょう。

と言っても、全く問題がないとは言えません。ドルが先代のボス（英ポンド）に引導を渡したように、ドルに引導を渡す存在が出てくる可能性は否定できません。

それは秩序内外の国かもしれませんし、通貨の存在を時代遅れにする新技術かもしれませ

39　グローバル経済は個人レベルで格差などの問題を発生させますが、それは本書のスコープをはずれますのでここでは論じません。

ん。あるいは、アメリカ自身の変容が、ドル秩序を維持するメリットを低下させてしまうかもしれません。

次章以降では、こうした挑戦について考えてみることにしましょう。

第五章

大いなる幻影

ユーロの挑戦

20世紀の間にヨーロッパに旅行された方は、国によって異なる様々な紙幣や硬貨を目にしたはずです。イタリアの10万リラ紙幣のカラヴァッジオ（画家。図5‐1）、ドイツの100マルク紙幣のクララ・シューマン（ピアニスト。図5‐2）、フランスの50フラン紙幣のサン＝テグジュペリ（『星の王子さま』の作者。図5‐3）など、それぞれの国が誇る人物の肖像画が描かれた美しい紙幣を覚えておられる方も多いと思います。当時は国境を越える度に、一部の国を除いてパスポート・コントロールがあり、入国するとすぐに銀行や両替商でその国の通貨を入手したものでした。

現在の旅行者は、まったく異なる経験をします。ヨーロッパ内の国境はほとんど意識することなく越えてしまいますし、一度両替をしてしまえば、ユーロ圏の国ではどこに行っても同じデザインのユーロ紙幣を使うことができます（硬貨のデザインは、一面は共通で他面は発行国ごとに異なりますが、どこの国で発行されたコインでも通用します）。

国ごとの歴史的・文化的な多様性を強調した20世紀のヨーロッパも捨てがたい一方、全体

図 5-1　イタリアの 10 万リラ紙幣

図 5-2　ドイツの 100 マルク紙幣

図 5-3　フランスの 50 フラン紙幣

として単一の政治・経済主体に向け歩み続ける21世紀のヨーロッパのエネルギーも圧倒的です。

独仏のような大国を含む先進国が知恵を結集して、人工的な単一通貨（ユーロ）を時間をかけて作り上げたのですから、創設当初から、ユーロはいつかドルに代わる実力を獲得するだろう、との見方が有力でした。しかし実際には、現在に至るまでドルに続く二番手に甘んじていますし、ユーロ紙幣が流通し始めてから10年もたたない２０１０年には、ほとんど崩壊の瀬戸際まで追い詰められました。

なぜ、ユーロはドル覇権に挑戦できなかったのでしょうか？　巨大な経済圏に支えられたユーロが、予想に反して国際通貨としては伸び悩んでいるのはなぜでしょうか？　本章ではユーロの実像に迫り、ユーロに何が不足しているのか考えていきます。

ユーロは欧州諸国に何をもたらしたか

ユーロはヨーロッパ大陸の広大な地域を網羅する、人工的に作られた単一通貨です。その創設は欧州諸国にとってどのような意義を持ったのでしょうか？

（1）欧州統合に貢献するユーロ

経済的なメリットとしては、当然、域内取引での為替リスクの消滅が挙げられます。また、単一通貨（ユーロ）導入後は、いちいち両替をしなくてよくなったので取引コストの低減につながりますし、同一商品の価格がすべての国で同じ通貨単位で表示されるため価格の高低が如実に明らかになる結果、価格が国境を越えて収斂していくので、経済がより効率的になったはずです。単一通貨を支える単一市場や人・資本の自由な移動も、当然経済効率を向上させる効果があります。

しかし、本当のメリットは政治的なものであったと考えます。周知のように、ヨーロッパは第二次世界大戦後に、二度とこのような悲劇を繰り返さないため、域内諸国（より直截に言えばドイツとフランス）が再度戦争を行えないようにする仕組みの構築を最優先課題として取り組みました。その最初の成果が、戦争遂行に不可欠の石炭と鉄鋼の生産を独仏を含む6か国で共同管理する欧州石炭鉄鋼共同体でしたが、これは現在の欧州連合（EU）につながる第一歩でした。域内に共同市場を作り、人や資本の移動を自由にし、単一の通貨で経済活動を行うことは、欧州諸国同士を強固に結び付け、二度と戦争をしない仕組みの基盤をなすものです。その目的に向けた固い決意があったからこそ、何度も挫折しかけた域内為替レートの安定に向けた努力が継続できたわけですし、その成功の結果、欧州諸国の相互信頼が盤石となって域内での戦争のリスクが極小化されたことは、ヨーロッパの叡智を反映した、歴史的な成果と言えるでしょう。

（2）欧州の混乱要因となるユーロ

ところが、経済的に有意義なはずのユーロは2010年の危機で崩壊の瀬戸際まで進み、その過程で域内諸国は激しい政治的対立を経験します。なぜそのようなことになってしまったのでしょうか？

（a）不完全な設計

単一通貨の問題を考える上で、経済学者のマンデルは、「最適通貨圏」の理論を打ち出しています。これは、広範な地域の経済を一つの通貨（と一つの金融政策）で適切に運営するための条件を考えたもので、論者によって条件が若干異なりますが、カギとなるものは、

①単一通貨に属している地域内で景気循環のサイクルが強く相関していること
②その地域内で資本や労働力が自由に移動できること
③何らかのショックを受けて景気が停滞・後退するようなエリアに対して、地域内の他

のエリアから財政支援を行うような政治的な仕組みがあること

です。

例えばアメリカを考えれば、あのように広大な土地で経済構造も様々なエリアを、ドルという単一通貨（および単一の金融政策）によって適切に運営する上で、人々が職を求めて不景気な州から好景気な州へと自由に移動できることと、連邦政府が失業率の高いエリアに財政支援を行うことができることが、大きな意味を持っているのが分かります。

一方ユーロ圏では、経済構造が相違（例えば製造業の輸出が中心のドイツと、観光や海運業が中心のギリシャ）しているため景気循環が各国で均一でないと予想できます。労働移動の自由は確立していますが、米国のように一つの国の内部ではないので、国によって言語・文化・伝統・法制等が大きく異なります。その結果、国境を越えて自由に移動して働く意思と能力のある人は比較的限られています。何よりも、ユーロ圏（あるいはEU）には中央政府がありませんので、不況地域に自動的に財政支援が行われるような仕組みはありません。新型コロナ後に、各国の拠出金ではなくEUが共同債券を発行して財源を調達し、復興財源に充てるプログラムが創設されましたが、それが一般の国における財政支出のように発展していく見込みは、現時点では小さいと言わざるを得ません[40]。

そういうわけで、ユーロ圏は理論的には最適通貨圏の条件を満たしていないと考えるのが適切と思われます。単一通貨を導入するための初期条件が満たされていないまま、見切り発車をしてしまったというわけです。

(b) 政治的便宜

通貨統合への道のりを示したマーストリヒト条約では、各国の経済パフォーマンスを近づける（収斂させる）必要がある、との認識が示されていました。つまり、当初から関係者は、ユーロの設計は最適通貨圏としては不完全かもしれないが、参加国が収斂基準を厳守する限りうまく機能するのではないか、と期待していたのだと思います。

具体的な「収斂基準」は、

①過去1年間のインフレ率が、最も低い3か国の平均から1・5%を超えて上回っていないこと
②財政赤字がGDP比3%を上回っていないこと
③公的債務残高[41]がGDP比60%を超えていないこと

の有名な3項目に加えて為替レートや国債金利が安定していることでした。すなわち、高インフレを許容したり放漫な財政運営をすることなく、ドイツのように規律をもって経済運営をしている少数の国だけが、単一通貨に進むことを許される、というのが当初の出発点だったのです。

ところが、通貨統合のプロセスは厳密に経済的ではなく、政治的なプロセスと化してしまいました。ユーロ参加を目指す国々は、基準を満たしているか否かを判定するタイミングで基準を満たすことに全力を上げ、ユーロに首尾よく参加した後は必ずしも規律を持った経済運営に重きを置かなくなる例が見られました。また、基準を満たすためにデータを意図的に操作しているとの疑惑が語られたり、一部の基準が満たせなくても政治的に重要な国には特例を与えるといった例もありました。従って単一通貨は、不完全な設計図の下、厳密に言え

40　EUの執行機関である欧州委員会（European Commission）は、EU加盟国の国民所得の1・4％にあたる独自財源を持っており、これを基に予算支出を行っています。共同債券の償還まではこれが2・0％に引き上げられますが、いずれにせよ通常の先進国の予算規模に比べると微々たるものです。何よりも、欧州委員会が新たな財源（新税など）を得るためには、EU参加各国政府の全会一致と欧州議会の了承が必要ですので、そのハードルは一国の政府が直面するものよりも高いと言えます。

41　国・地方・社会保障基金を合わせた「一般政府」ベースの債務。

ば適格ではない国々も含めた多数の国が参加して出発しましたので、当初想定されたほど「強い通貨」でなく、また安定的にもなりませんでした。

(c) 市場の先走り

イタリア、スペイン、ギリシャといった財政赤字が大きい国々では、ドイツのような財政赤字が小さい国に比べて、国債の金利が高くなるのが通例です。市場の投資家にしてみれば、財政赤字が大きい国からの返済は滞るリスクがあるので、それらの国の国債を購入する際には、リスクを補うために高い利子を要求することになります。

ところが、これら南欧諸国もユーロに参加しそうだとなると、収斂基準に基づき、財政赤字が縮小して他のユーロ参加国（端的にはドイツ）並みになるとの予想が現われました。一部には、仮に南欧諸国の国債の元利払いが滞ったら他のユーロ諸国も困るので、ドイツなどが肩代わりして支払ってくれるだろう、との期待を持った投資家もいたようです。

その結果、これらの国の国債金利は、ユーロ参加を先取りして1990年代後半に急速に低下し、ドイツやフランスのレベルに達してしまいました（図5-4）。その結果、ユーロ導入前後には一部の国で経済の実態を反映しない低金利がもたらされ、住宅価格のバブルが発生しました。

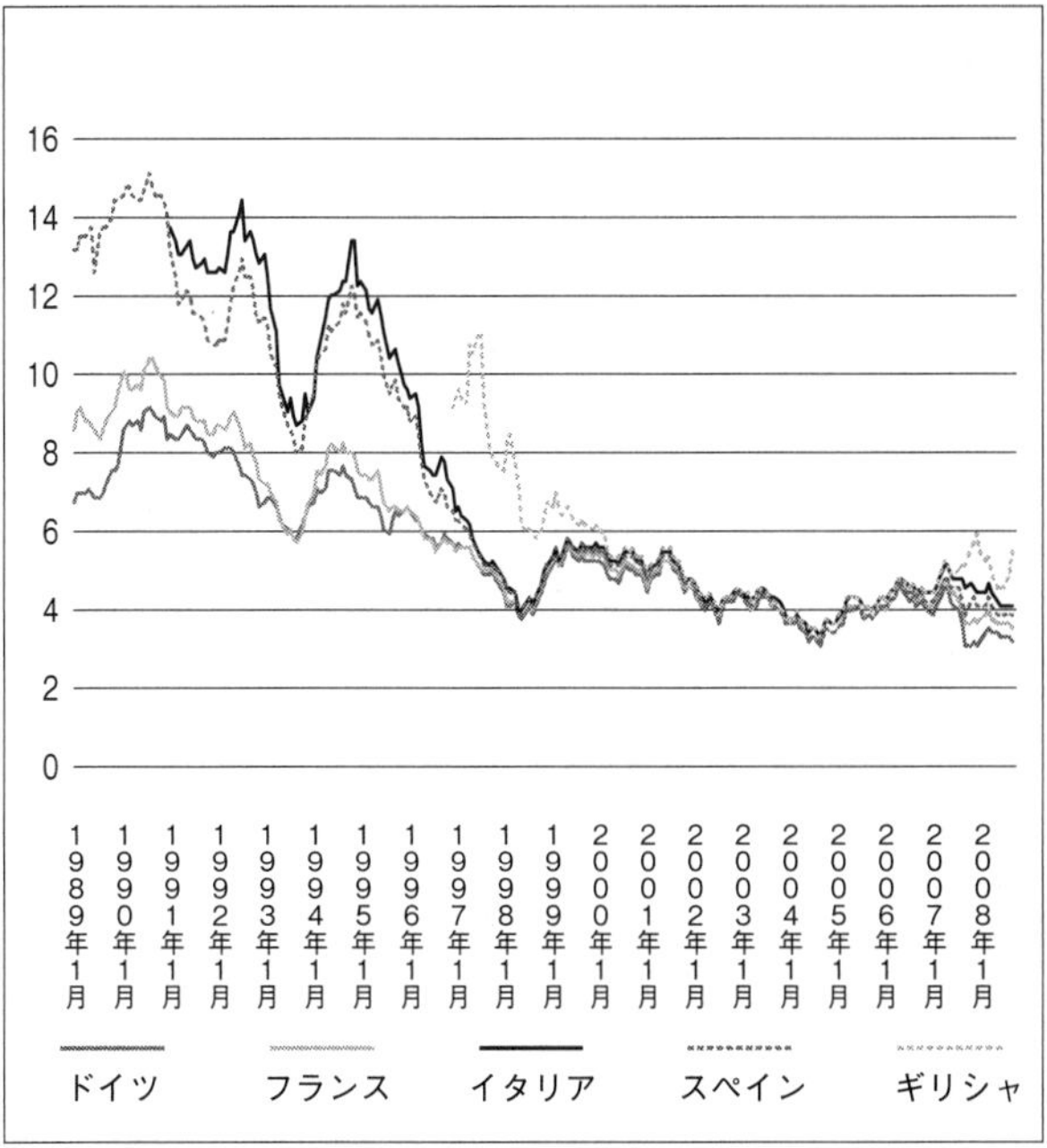

図 5-4　欧州諸国の長期金利の推移（出典：OECD）

そうした中、２０１０年にギリシャの財政がそれまでの公表データよりも悪いことが明らかになると、ギリシャ国債を購入していた投資家や銀行が大量に資金を引き揚げたため、ギリシャで財政危機が発生し、ユーロ圏内で大きな財政赤字を抱えていた他の国々にも波及しました（ユーロ危機）。

同床異夢の独仏

なぜユーロは理論的に不完全な形で創設されたのでしょうか？　なぜ収斂基準は機能

しなかったのでしょうか？　そして、ユーロ危機の結果、ユーロの根本的矛盾は解消されたのでしょうか？　それを理解するためには、ドイツとフランスの間の意見対立を振り返る必要があります。[42]

（1）ドイツの見方

西ドイツでは低インフレと財政規律を重んじた経済政策に国民の広い支持があり、ブンデスバンク（中央銀行）への信頼が非常に高かったため、マルクを廃止してユーロに移行することに根強い抵抗がありました。他国と一緒になったら、ドイツのインフレ率が他国並みに上昇してしまうのではないか、との懸念が広まっていたのです。そこで西ドイツのヘルムート・コール政権は、単一通貨を作るのであれば、ドイツと同じような国々（低インフレ、健全な財政、経常黒字など）と組むのでなければ機能しないし、国民の支持も得られないと主張しました。単一通貨に進んだ後には、最終的にはユーロ圏内で政治統合も行わなければならない（財政分配機能を持つ中央政府の必要性）とも考えていました。まさに理論通りの最適通貨圏を作ろうとしたのです。西ドイツ（現在のドイツも同様）は連邦国家であり、単一通貨を持つ欧州連合も連邦のイメージで捉えていたのかもしれません。

(2) フランスの見方

一方フランスのフランソワ・ミッテラン社会党政権は、1981年の就任当初「大きな政府」に向けた福祉政策を志向しましたが、欧州通貨間の固定為替レートの下で拡張的な財政政策を採ったために、フランに大きな売り圧力がかかりました。フランスは緊縮的な「強いフラン政策」への転換を余儀なくされましたが、マルクと一緒になった単一通貨の下でなら、フランスが拡張的な財政政策を採っても市場からのアタックは限定的だろうと考えます。しかし、独自の政策を遂行する自由を確保するため、政治統合には反対でした。

(3) ドイツ統一

1989年にベルリンの壁が崩れて、悲願の東西ドイツ統一が現実的可能性として浮上してくると、大国ドイツの復活にイギリスやフランスが強い警戒感を示します。折角西ドイツを西欧諸国の中につなぎとめる仕組みを作ってきたのに、東ドイツと一緒になって中・東欧へと関心が移り、いわば「先祖返り」して西欧諸国から離れていっては困るからです。といって、統一を支持しなければ、ドイツと英仏の間には修復不能な溝ができるでしょう。ドイ

42 Yanis Varoufakis, "The Two Faces of the Euro", Project Syndicate, January 19th 2024.

ツとしても、統一への他の西欧諸国の警戒を解くことの重要性は十分理解しており、そのためフランス主導の単一通貨プロセスを受け入れていきます。

（4）ユーロへのドイツの不満

ところが、2010年からのユーロ危機はドイツの恐れていた通りの出来事でした。ドイツは、そもそも財政ルールにきちんと従っていなかったギリシャを安易に支援すべきではないと強く主張します。同時に、単一通貨の下で財政危機となっているギリシャは、単一通貨に留まるためには厳しい財政緊縮と不況を余儀なくされるので、むしろ債務削減した上でギリシャをユーロから脱退させる方がギリシャ国民のために良いのではないか、とも主張しました。その含意するところは、この際「不適格」な国はユーロから出て行ってもらって、ドイツとその周囲の少数の国だけでユーロを再構築する方が、理論的にも政治的にも適切だ、ということです。

これに対してフランス・イタリア・スペイン等は、仮にギリシャがユーロから脱退した場合は次の脱退候補国と見られていましたから、激しくドイツに反対しました。ドイツは結局単一通貨の「純化」を断念します。

こうしてユーロの矛盾は存続していますが、最近はドイツの経済的パワーが低下していることもあり、当面大きな改革の機運が高まる見込みはなさそうです。

国際通貨としてのユーロの現状

問題を抱えているとはいえ、ユーロの導入によって巨大な経済圏が誕生したのは間違いありません。1999年の名目GDPを比べると、ユーロ参加11か国の合計は、アメリカの丁度7割です。当然、それだけの経済力を反映した通貨は国際的に大きなプレゼンスを示すものと思われました。実際、ドルとユーロの二大通貨が今後の国際通貨秩序の柱となるだろう、という予想も多く出されました。二十数年後の現在、ユーロとドルの相対的な関係はどうなっているでしょうか？

(1) 経済規模

まず、経済規模では、ユーロ参加国が20か国に増えたにもかかわらず、ユーロ圏の名目GDPはアメリカの約56％に縮小しています（2022年）。為替レート（ドル高）の影響もあるでしょうが、やはり潜在成長力や労働生産性、イノベーションといった、経済成長を生み出す基本的な力に差があると考えざるを得ません。

(2) 外貨準備

IMFの統計では、各国が保有する外貨準備に占めるユーロの割合は、導入直後の13%から最近では20%前後まで上昇しています。一方ドルは、2000年頃の68%よりは低下していますが、最近も6割前後で推移しています。つまり、誕生後20年以上がたっても、ユーロがドルと並ぶほどの準備通貨[43]の地位を得たとは言えません。

(3) 貿易での利用

有力な国際通貨の大きな特徴は、第三国間の貿易で用いられることですが、それでは、ユーロ建てで行われる貿易はどのくらいあるのでしょうか? IMFスタッフの推計[44]では、世界中の輸出のうちユーロ建てで行われるものが46%ですが、そのうち37%はユーロ圏に向けた輸出で、そのほとんどはユーロ圏内の国の間で行われ、その他では周辺の欧州諸国やアフリカ諸国からの輸出にユーロ建てが目立つとされています[45]。つまり純粋に第三国間の貿易に用いられるユーロは約9%ということです。他方でドル建ての輸出は、世界全体ではやはり40%程度ですが、そのうちアメリカ向けの輸出は10%に過ぎないとされています。つまり第三国間の貿易でドル建てのものは約30%となり、第三国間のユーロ建ての貿易を圧倒しています。

（4）金融取引での利用

国や企業が資金を調達する際、債券を発行したりローン（借款）を受けたりしますが、そうした借入れをどの通貨建てで行うかを見ると、ドル建ての割合が50～60％を占め、ユーロ建ては2割程度です。

43　準備通貨は、各国が外貨準備に積んでおきたいと思うような通貨のことを言い、例えばタイとミャンマーのように隣国同士の貿易が盛んであればそれぞれの通貨を外貨準備に保有しておくことは十分考えられますが、一般的には、国際的に信用があり容易に通用するような通貨（端的に言えば大国や先進国の通貨）が該当します。

44　Emine Boz, Camila Casas, Georgios Georgiadis, Gita Gopinath, Helena Le Mezo, Arnaud Mehl, and Tra Nguyen, "Patterns in Invoicing Currency in Global Trade", IMF Working Paper, 2020. ただし本ペーパーでは、輸出の通貨建て別のデータを公表していない国（中国、メキシコ等）は分析に含まれていないことに留意が必要です。

45　ＥＵが行うＥＵ域外との貿易を見ると（２０２２年）、輸出の49・4％、輸入の41・5％がユーロ建てです（出典：Eurostat）。ただし、貿易相手国によって差異があり、例えばフランスでは、スイスやトルコといった近隣国からの輸入はユーロ建ての比率が高い（70％～90％）ですが、米中やラテンアメリカ諸国からの輸入は60％～90％がドル建てです。興味深いのは日本や韓国からフランスへの輸入も60％程度がユーロ建てであることです。Antoine Berthou & Julia Schmidt, "Exchange rate pass-through to import prices in France: the role of invoicing currencies", Bulletin de la Banque de France 242/6, September-October 2022.

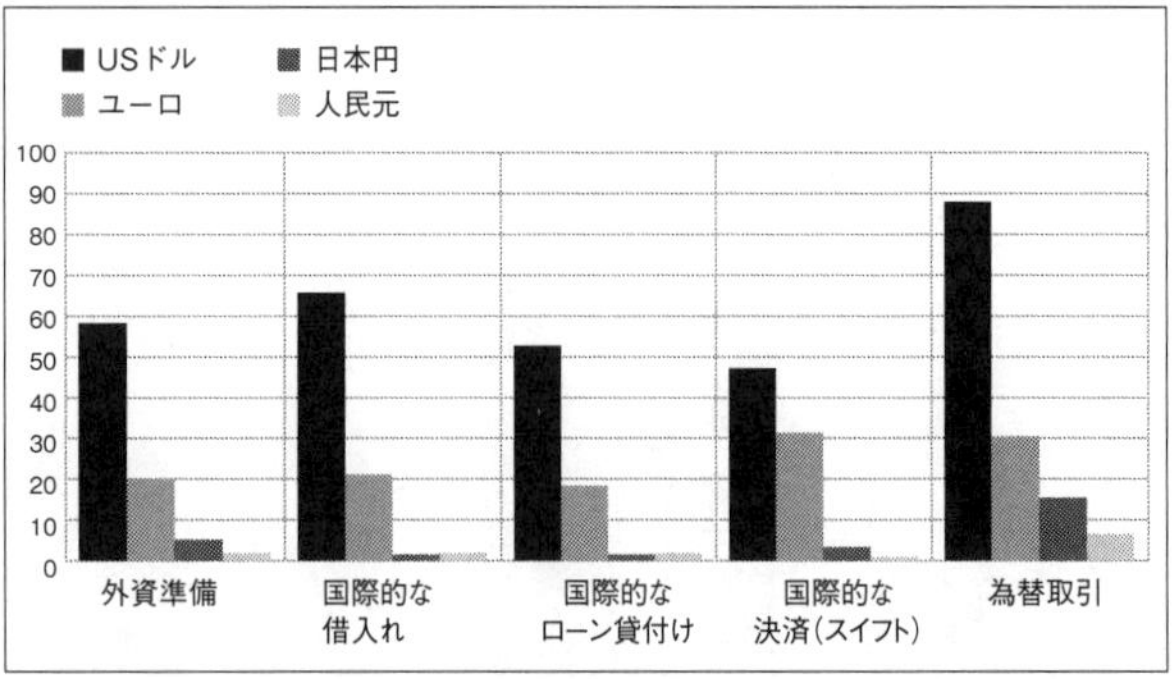

図 5-5　主要通貨の国際的な利用におけるシェア（%）
（出典：The European Central Bank, "The International Role of the Euro", June 2023）

また、国際的な決済や為替取引でもユーロの利用はドルに大きく差をつけられています（図5-5）。

ユーロの限界

巨大な経済圏を背景にしたユーロは、どうして期待されたようにドルに匹敵するような国際通貨、さらに言えば覇権通貨となっていないのでしょうか？　少なくとも創設当初は、ユーロが国際的に使用されるよう、欧州諸国が宣伝活動を行っていたのもかかわらず、です。

その理由としては、次のようなものが考えられます。

(1) 寄合所帯

ユーロ圏は主権国家の集まりなので、政策の統一性に欠けたり、意思決定に時間がかかったりすることから、ユーロという通貨に対する十分な信頼が持ちにくいかもしれません。2010年以降のユーロ危機の際に、ユーロの空中分解の可能性が真剣に議論されたことも、信認を低下させたでしょう。他方で、言うまでもありませんが、ドルは最強国家アメリカの通貨であり、アメリカ政府の意向を（良くも悪くも）反映していると広く認識されています。

（2）安全資産の供給不足

ユーロを保有する投資家や中央銀行は、当面手持ちのユーロを投資しておく流動性の高い（つまり換金が容易な）資産を求めます。その究極の例が国債であり、安全資産と呼ばれます。

ドルの場合は、世界最大の国債マーケットである米国債があるわけですが、ユーロの場合単一のユーロ国債は先述の共同債などごく限られた額しかありません。ほとんどのユーロ建て国債は、ユーロ圏に属する各国が独自の国債として発行していますので、発行する国の信用力に応じて商品性も様々です。例えば、信用力が高いと思われるドイツの債務残高（一般政府ベース）はアメリカの1割で、ユーロ圏全体の債務残高を合計してもアメリカの42%（2022年）にすぎません。社債を見てみても、欧州諸国は伝統的に銀行融資が主体であるため、非金融法人が発行する社債のマーケットは、アメリカの方がユーロ圏の5倍の規模があると言われています。銀行融資にしても、アメリカでは多くが証券化されて投資家に売られて、証券市場に厚みを加えています。

つまり、投資家にしてみれば、折角入手したユーロの行き先が、ドルに比べると限られているのです。その格差は、アメリカとユーロ圏（あるいはＥＵ）の経済規模の差をはるかに上回っています。

（3）ユーロの対外供給

先述のように、アメリカは大幅な経常赤字を抱え、その穴埋めをドルによる支払いで行っています。アメリカ以外の世界全体に対して、恒常的にドルを供給していることになります。一方、ユーロ圏全体の経常収支は例年ほぼバランスしており、黒字の年も見られます。つまり対外的にユーロを供給するというよりは、外貨を獲得しているのです。

投資についても、アメリカが対外投資（直接投資、証券投資等）を上回る巨額の対内投資を受け入れているのと対照的に、ユーロ圏では対外投資が対内投資を上回っています。これは、アメリカが世界中に対して債務を負っている一方で、ユーロ圏は世界中に対する債権を保有していることを意味しています。

こうした状況はマクロ経済政策運営としては健全ですが、ユーロ建て債務の供給が限られている（相手国からするとユーロ建ての債権保有が限られている）ことになります。アメリカの外でドルがジャブジャブあるイメージとは異なり、ユーロはユーロ圏の中に閉じこもった通貨のイメージです。その意味で、第三国間でのユーロの使い勝手を制約している可能性があります。

（4）政治的野心の欠如

上述のような経済的な要因はそれぞれ重要とは思いますが、より重要なのは、ユーロが欧州諸国間の平和という「内向き」の政治的な目的のために創設されたという事実ではないかと思われます。ユーロは創設時から、「外向き」にドルの覇権に挑戦するといった野心的な目標を掲げていたわけではありません。ユーロ創設を打ち出したいわゆる「ドロール・レポート」でも、経済通貨統合によって国際交渉でのヨーロッパの発言力が大きくなるだろう、といった「地味な」見通しを述べている程度です。

もちろん、西欧にとってアメリカは、安全保障を頼っている重要な同盟国ですから、わざわざアメリカを不快にさせるようなことを公に言うはずはありませんが、むしろ欧州のリーダーたちは、ユーロをドルに対抗させようと本気で考えておらず、あくまでも「ユーロはドイツに足かせをはめることが狙いであった」[46]というのが本心ではなかったかと思われます。そのためには、ドイツ（特に保守派）が望んだような少数の国による「強い単一通貨」は最も警戒すべきものだったはずです。フランスその他が加わって、意思決定過程でのドイツの影響力を薄め、「弱い単一通貨」とすることこそが、欧州全体の利益に則していたわけです。

ユーロが欧州平和の礎として機能している以上、わざわざドルに挑戦する覇権通貨化を狙って野心的な方策を採る必要はなく、とかく混乱し意見対立に陥りがちなユーロ圏内部での安定を第一義的に追求することで満足しているというのが、実態ではないでしょうか。

ユーロはどこへ行くか

ブレトン・ウッズ体制崩壊後のノン・システムの中で、欧州諸国は相互の政治的・経済的な結びつきを強め、外界の混乱から内部を遮断しつつ、域内の政治対立がかつてのような悲惨な戦争にエスカレートしないように努力を重ねてきました。その一つの偉大な成果がユーロでした。

ユーロは理論的にも実践においても不完全な単一通貨であり、それをきちんと機能させるために、不断の努力を必要とします。そのため、ユーロ創設のそもそもの目的が域内平和という内向きのものだったのに加えて、ユーロ圏諸国はユーロ運営のため、多くのエネルギーを常に内向きに費やしていると言えます。結果として、大国ドイツはユーロ圏の中にしっかりとつなぎ留められています。こうしてユーロは目的を達しているのですから、対外的にドル覇権に挑戦する必要はありませんし、（少なくともユーロ圏諸国の多くは）覇権通貨となるためのコストを引き受けるつもりはないでしょう。

創設後20年以上が経過し、２０１０年のユーロ危機でもたらされた崩壊の危機も乗り切ったユーロは、重要な国際通貨として広く認識されています。隣国ロシアとの対立は長期化しそうですし、ＥＵの中も一枚岩でない状態で、今後とも、現在のような「第二の通貨」の地位を守るのが、ユーロ圏の総意と思われます。ＥＣＢのレポートも、難しい環境の中で第2位の地位を守っていることは、ユーロの抵抗力を示している、と自賛しています。

つまり、ユーロはこれからドルに並ぶ（さらにはドルを超える）覇権を獲得するための条件を満たしておらず、それに向けた政治的意思も有していない、ということでしょう。

46　デイヴィッド・マーシュ『ユーロ：統一通貨誕生への道のり、その歴史的・政治的背景と展望』田村勝省訳　一灯舎　２０１１年

コラム5：ユーロへの道

　ユーロが誕生してからまだ四半世紀ほどしかたちませんが、その前にはヨーロッパの経済的な統合に向けた長年の努力がありました。ここでは、通貨に着目して、為替安定の仕組みが単一通貨導入へと発展する過程を振り返ってみたいと思います。

　欧州域内の諸国は、域内での貿易関係が強いため、相互の為替レートが安定していることを望んでいました。ブレトン・ウッズ体制の固定相場制の下では、当然ヨーロッパ諸国の通貨間の為替レートも固定されていたのですが、１９６０年代末にブレトン・ウッズ体制が動揺してきたのに対応して、欧州経済共同体（ＥＥＣ）６か国[47]は、域内の資本移動の自由化と為替レートの完全な固定化を目指すと表明しました。

（1）スネーク

　ブレトン・ウッズ体制が崩壊した後のスミソニアン体制の下では、為替レートは固定されつつ一定幅（±２・２５％）の変動を許容されていましたが、ヨーロッパ各国は相互の変動幅をその半分（±１・１２５％）に設定して、安定性を強めました。この仕組みは、ドルに代表される域外通貨に対する大きな変動幅の中に、欧州通貨間の小幅の変動幅を設けることから、「トンネルの中のヘビ（Snake in the Tunnel）」と呼ばれ、スミソニアン体制が短期間で崩壊してほとんどの通貨が変動相場制に移行した後は「トンネルから出たヘビ」と呼ばれたりもしました。

（2）エキュー（ECU）

激動の1970年代が進むにつれ、欧州通貨相互の変動幅の中に為替レートをとどめることができない国が続出し、スネークは解消されました。改めて1970年代末に、当時のヨーロッパ共同体（EC）加盟9か国のうちイギリスを除いた8か国[48]による欧州通貨システム（EMS：European Monetary System）が発足します。

EMSを実際に運用する仕組みはERM（Exchange Rate Mechanism）と呼ばれ、参加通貨間相互に中心レートと変動幅（±2・25％[49]）が定められ、市場での為替レートがその変動幅を超えそうになると、自動的に両国が介入義務を負いました。同時に、すべてのEC参加国（1980年代には12か国）の通貨価値を加重平均して算出した欧州通貨単位（ECU）に対しても、各国通貨は為替レートを安定させました。[50] ECUは1999年に、同価値のままユーロに承継されます。

一見するとEMS内の通貨は全く平等のようですが、現実にはEC加盟国で最大の経済国である西ドイツの通貨マルクの動きに各国が追随する形で運用されました。当初は加盟国間の資本移動に一定の制約が残っていたものの、その後資本自由化が進むと、トリレンマの三角形に基づき各国は金融政策の自由を失っていきます。その結果、西ドイツの中央銀行であるブンデスバンクが金利を上げ下げすると、その他の国がすぐに同方向に金利を動かすのが通例となりました。ただし、西ドイツは伝統的に低インフレと財政均衡を目指す強い規律を持った経済政策を行っていましたし、輸出競争力が強く大きな対米黒字を抱えていたので、マルクは対ドルで強含むのが常でした。それほど輸出競争力の強くない他国としては、EMSの下でマルクに引きずられて自国通貨も対ドルで上昇してしまうのを好みませんし、金利を低めにして景気を刺激したい思いもあります。そのため他国は西ドイツに対して金融緩和を求め、度々衝突しました。マルクが他のEMS通貨に対して切り上げられ、それによって他国が一息つく場面も何度かありましたが、通貨価値を巡るEMS諸国間（端的に言えば独仏間）の緊張関係はユーロ導入まで続きましたし、現在でも折に触れて表面化します。

(3) マーストリヒト条約

1992年に調印されたマーストリヒト条約では、資本移動の自由化、経済政策の収斂、そして金融政策の一本化というプロセスを経て、ECUが最終的に単一通貨ユーロに発展する道筋が合意されました。これは、経済構造や景気変動の異なる国々の通貨を安定的に統合していくためには、各国のパフォーマンスが似通ったものにならなければならないとの理解に立ったものです。要するに、各国はドイツのようになることが期待されたのでした。

ところがそのドイツがつまずきました。

冷戦が終結して東西ドイツが統一されたことで、ドイツは財政支出を拡大して旧東ドイツ地域への支援を行いますが、それはドイツ国内でインフレ悪化と金利上昇を招き、固定相場維持のためにそれに追随して金利を引き上げた欧州各国も景気が悪化します。ERMは持ちこたえられないだろうとの見立てから、市場では弱い通貨への売りアタックが激しくなり[51]、1992年から1993年にかけて多くの通貨がERMから離脱したり（英ポンド、イタリア・リラ）、中心レート切下げを強いられたり（スペイン・ペセタ、ポルトガル・エスクード、アイリッシュ・プント）しました。EMSは崩壊の瀬戸際まで追い詰められましたが、残った通貨相互の変動幅を大幅に拡大（±15%）して何とか生き残りました。

このような、執念とも言うべき努力によって、１９９９年に単一通貨ユーロが導入され、２００２年からはユーロの紙幣とコインも流通するようになりました。２０２３年末の段階で、ＥＵ加盟国27か国のうち20か国がユーロを採用し、２か国が自国通貨とユーロをペッグ（固定）しています。

47　ベルギー、オランダ、ルクセンブルグ、西ドイツ、フランス、イタリア

48　ベルギー、オランダ、ルクセンブルグ、西ドイツ、フランス、イタリア、デンマーク、アイルランド

49　後に参加した英ポンドとスペイン・ペセタは、他の参加通貨との間により広い変動幅（±６％）を認められました。

50　ＥＣＵはEuropean Currency Unit の頭文字を取ったものですが、中世から近世にかけて発行されたフランスの硬貨をエキュと呼びましたので、フランスは欧州通貨システムの中心に自国の通貨があるような気分を感じることができたと言われています。

51　最も有名なのは、ヘッジ・ファンド・マネージャーのジョージ・ソロス氏で、イングランド銀行を破った男と呼ばれました。

第六章

¥の悲劇

地盤沈下する円

昭和から平成にかけて（１９８０年代後半～１９９０年代初め）、日本はバブル経済の熱狂の中にありました。30年以上前の出来事ですが、高齢化のおかげで、現在の人口の約７割はバブル時代の記憶が多少なりとも残っているのではないでしょうか[52]。

バブル期には、日本経済の実力と今後の発展について疑いを持つ声はほとんど聞かれず、今から振り返ると国民全体が異様なほどの自信に満ちていたように感じます。皇居の地価とカリフォルニア州全体の地価がほぼ等しい、などという話がまことしやかに語られ、世界中で日本人＝金持ちと扱われて、日本人のプライドがいたく刺激されたものです。もちろん、当時の自信には何の裏付けもなかった、とは言えません。実際、先人の努力の結果日本企業の輸出競争力は非常に強く、世界各地の大学には日本の成功の秘訣を学ぼうと日本関係の講座が設けられました。

そのように高揚した雰囲気の中、１９８０年代半ば以降、日本政府は円の国際的な役割を高めていく決意を宣言します。といっても、円をドルに代わる覇権通貨とすることを目指したわけではありません。むしろ、ドルの覇権を受け入れた上で、アジア地域を中心にドル秩序を支援するという、奥ゆかしい（?）目標を立てました。「ジャパン・アズ・ナンバー・ワン」とおだてられても、当初からドルを「殺す者」になるつもりはなく、ドルを忠実に支える意図を表明していたのです。それは、日米関係重視という日本の国益を基礎に、円の潜在的な可能性（どこまで行けるか?）を考えた上での、現実的な目標設定だったのだろうと思います。

それから30年余りがたち、残念ながら日本経済は当時の期待を大きく下回っています。2024年2月に日経平均株価がバブル期の最高値を更新したのは良いニュースですが、指数を構成する中身が変わっていますので、単純な比較にあまり意味はありません。大都市圏のマンション価格は上昇し、東京都心では大規模再開発が盛んに行われるようになって、都市のダイナミズムが再興しているように見える一方、皇居の現在の地価（約40兆円[53]）は大体アップル社の時価総額の10分の1くらいにすぎません。他方で、一部の地域を除いて、地方では人口減や経済停滞が課題となっています。物価や賃金が上がらなかったので日本は海外に

52 2022年の人口推計では、1988年以降に生まれた人口が全体の31%です。
53 「皇室の経済学」読売クォータリー2019春号

比べると「安い国」になってしまい、生活苦を感じる方が増えているようです。世界的には中国人＝金持ちの図式が定着し、アメリカの大学では日本関係の講座が激減しています。[54]先述の通り、円の実力を計算した実質実効為替レートで見ると、最近の円の実力は1971年のニクソン・ショック以来の水準に低下しています。

日本が困難な道を歩み、日本経済の相対的な地位が低下する中で、円の国際化はどうなったのでしょうか？　また、（円の国際化の最終目標であった）ドル秩序の補完は順調に進んだのでしょうか？

円の国際化が目指したもの

1980年代前半にはアメリカが日本の対米黒字を問題視し、日本の貿易黒字削減のためには円高が必要であり、そのためには円の使い勝手が良くなり円資産への需要が増える必要がある、と強く求めました。一方日本側も、貿易黒字の問題とは離れて、円は重要な国際通貨の一角を占めるべきだと考えていました。

（1）政策目標としての「円の国際化」

円の国際化は、「国際取引における円の使用又は保有の高まり」と定義されました。[55]簡単に言えば、貿易決済や金融取引に円が用いられる回数を多くし、円建て資産への投資を増加させたい、ということです。特に第三国間の取引で円が使用されるようになることは大きな目標でした。

円の国際化が進むと、国内の企業や金融機関にとって、「海外における資金の運用・調達、為替リスク管理が行いやすくなる」し、「国際競争力を強めていく際の有利な条件となる」のに加え、海外投資家などが円建ての市場に加わることで「市場の厚みや効率性が増し」、「我が国市場が国際金融センターとして発展する基盤を提供する」と期待されました。そして円の国際化は、「経済力に応じた国際的役割分担の一つとして必要」なものであり、「基軸通貨としてのドルを補完する」意味があるとされています。[56]

こうして円の国際化は日本政府の政策目標の一つとなりましたが、その背景には①日本企業や邦銀にメリットを与え日本市場を発展させるという産業政策的な動機と、②ドルを支えて国際通貨秩序の動揺を防ぐという政治的・外交的な動機の双方があったというわけです。

54　全米大学ランキングの上位100校のうち、現代日本外交や日米関係を定期的に教える50歳以下の正規教員がいるのは1校だけだそうです。（日本経済新聞「経済教室」2024年4月5日）
55　「円の国際化について」外国為替等審議会答申　1985年3月5日
56　同前

（2）バブル崩壊後の対応

1980年代後半のバブル期にはそれなりに円の国際的な役割は高まりましたが、1990年代に入りバブルの崩壊と経済の停滞が始まると、円の相対的な地位は退潮してしまいました。

1990年代後半には、アジア諸国から急激に資金が流出してアジア通貨が暴落し、各国が不況に陥りました（アジア危機）。一方日本でも、国内で金融機関の倒産や公的資金による救済が頻発し、経済の先行きに悲観的な見方が広がりました。この二つの危機に直面した日本政府は、経済的関係の強いアジア諸国への支援を行うと同時に、国内での金融システム強化に乗り出します。その過程で、為替・金融規制の大胆な自由化（ビッグ・バン）を行って経済復活のきっかけにしようと考えました。

こうした中、1999年のユーロ導入は大きな刺激となりました。円は重要な国際通貨の一角を占めるべきだ、との信念は揺らいでいなかったので、「世界の3大経済地域の一端を担う欧州のユーロ及びアジアにおける主要通貨である円が、ドルを補完し……安定した国際通貨体制の構築に貢献する」ことが「国際公共財の提供」であると改めて位置づけました。[57]

つまり1980年代の産業政策的な動機に加えて、①規制緩和を通じて景気を刺激するとの動機と、②アジア危機後のアジア諸国への支援を発展させ、アジアの代表としてユーロに劣後せずドルをサポートしたいとの動機から、円の国際化がいわば「再起動」されたのでした。

(3) 円の国際化の成績表

この時期の日本政府が、円をドルやユーロに並ぶキー・カレンシーと位置づける政治的意思を有していたことは明白ですが、それではその後の約25年間に「国際取引における円の使用又は保有の高まり」はどの程度進んだのでしょうか?

(a) 世界中の外貨準備に占める割合

ＩＭＦのデータによると、１９９０年にＩＭＦ加盟国全体の外貨準備に占める円の割合は８・９％でしたが、その後低下を続け、円の国際化に本腰を入れた２０００年には５・２％、最近では５〜６％の間です。

57 「21世紀に向けた円の国際化」外国為替等審議会答申　１９９９年４月

	1990 年	2000 年	2019 年
サムライ債	5,750	28,567	18,242
非居住者ユーロ円債	49,809	167,719	51,827
居住者ユーロ円債	7,470	12,604	8,898

表 6-1　円建て債券発行額の推移（単位：億円）（出典：財務省）

（ｂ）銀行の対外資産に占める割合

ＢＩＳのデータによると、国際的に活動する銀行が国境を越えて保有する資産のうち円建ての割合は、１９９０年に15％、２０００年に13％でしたが、２０２２年は４％にすぎません。

（ｃ）円建て債券の発行額

円が国際的に使用されるという観点から、円建ての債券がどのくらい国外、あるいは外国政府・企業等によって発行されているか見てみましょう。このような債券には、非居住者が日本国内で発行するもの（いわゆるサムライ債）、非居住者が日本国外（ユーロ市場）で発行するユーロ円債、それに居住者が日本国外で発行するユーロ円債があります[58]（表６‐１）。

債券発行額は、世界経済の動向や為替レート・金利水準の変化など、様々な要因に左右されるので、一概に結論を出すわけにはいきませんが、２０００年頃に比べて最近は円建て債券を発行する気運が低下しているようです。

（d）為替取引に占める割合

外国為替市場で取り引きされる通貨の組み合わせ（ドル・円、ユーロ・英ポンド、人民元・豪ドル等）について3年ごとに行われるBISの調査を見ると、円の含まれる取引は1989年の28・0％（売買通貨の双方がカウントされるため、合計は200％）から2016年の21・6％まで、上下動を繰り返しつつも20％前後を維持していましたが、最近では16・8％（2019年）、16・7％（2022年）と17％を下回っています。これはドル（88％）、ユーロ（31％）に次ぐシェアであり、第3位の地位は譲っていません。一方で、2000年頃までほぼ皆無であった人民元の取引シェアが、2022年には7・0％（英ポンドに次ぐ第5位）まで急増しているのも事実です。

（e）円建てでの貿易比率

日本の行う貿易（輸出と輸入）のうち円建てで行われるものの比率は、2000年以降の20年ほどで徐々に低下して、輸出の3分の1強、輸入の2割強にすぎません。日本が密接な

58　比較的規制の緩い海外市場をユーロ市場と呼びますが（第四章）、円も取り引きされています。

日本からの輸出のうち円建ての比率　（%）

	1990 年	2000 年下半期	2022 年下半期
世界へ	38.5	36.1	34.5
アジアへ		48.2	42.5

日本への輸入のうち円建ての比率　（%）

	1990 年	2000 年下半期	2022 年下半期
世界から	14.5	23.5	21.5
アジアから		24.8	22.5

表 6-2（出典：通商産業省輸出入決済通貨動向調査〔1990 年〕及び財務省貿易統計〔2000 年、2022 年〕）

経済関係を有するアジア地域との貿易では、世界全体との貿易よりは円建て比率が高いものの、その比率が徐々に低下していることは同様です（表６‐２）。

日本はＥＵに比べて中東からの原油などエネルギー関係の輸入が多く、そういった一次産品はドル建てで取り引きされる慣習があるので、円建ての輸入が相対的に少ないのは理解できますが、ＥＵに比べて「自国通貨建て」の輸出比率が低いのは気になります。

もちろん、グローバルに展開する日本企業が本支店間の取引における為替リスクを本店に集中させるため、あえてドル建ての輸出を選択することも普通に行われていますので、日本からの輸出の円建て比率の数字だけで一喜一憂するのは不適切であることにも留意が必要です。

円の国際化は失敗したのか？

(1) 円のプレゼンス

上記のようなデータを見ると、「国際取引における円の使用又は保有の高まり」は期待したほど進んでいないというより、むしろ逆行しているような印象があります。

その最大の理由は、日本経済が過去20〜30年にわたって停滞したためでしょう。物価が横ばいないし下落したこともあり、世界全体の名目GDPに占める日本のシェアは、2000年には14・7%でしたが、新型コロナ危機前の2019年には6%を下回っていました[59]。高い成長見込みが得られなければ、海外の投資家にとって日本関連のビジネスを行うインセンティブは低下します。裏を返せば、アメリカはもちろんのこと、アジア地域でも中国を筆頭にASEANや韓国・台湾など、日本以上の成長性を示した国にビジネスが向かうのは当然です。日本国内外で、非居住者が円を使ったビジネスをする場面も限られてしまうでしょう。

実際、アジア諸国にとって日本の経済的重要性は落ちています。ASEANの貿易総額に占める日本との貿易のシェアは2010年の11・0%から2020年の7・8%に低下する一方、アメリカは9・2%(2010年)↓11・2%(2020年)と存在感を維持し、中

59 世界銀行のデータによると、物価と為替レートの影響を除いた実質GDP(世界全体)に占める日本の実質GDPは、2000年の8・2%から2019年の5・4%と、落ち込みが緩やかです。

国は12・0％（2010年）→19・4％（2020年）と激増しています[60]。ASEANの側に円建てで貿易を行うインセンティブが高まらなくても、無理はありません。

例えばインドネシアでは、輸出はほとんどがドル建てですが、輸入はドル建てが8割強にとどまる一方、円建ての輸入も2010年頃は4～5％のシェアを持っていました。しかし最近では3％を下回り、代わって自国通貨（インドネシア・ルピア）建てと人民元建てがいずれも3％を上回る水準まで伸びています。インドネシアへの直接投資を見ても、中国・香港が25％と高いシェアを示す中で、日本のシェアは5％強にすぎません[61]。日本から例えばシンガポール経由で行われる投資などは含まれていませんので、実際の日本のプレゼンスはもっと高いと思われますが、決してかつてのようなレベルではないでしょう。

(2) 円の地位向上？

最近の日本経済の地位を考えれば、今後円が単独でドルやユーロのようなプレゼンスを得るまで再興するのは、率直に言って難しいでしょう。そこで、アジアの諸通貨と連携することによって、「アジアの中の円」としてプレゼンスを高めていくことを目指す、との考えがあり得ます。

具体的には、アジア通貨と円との直接取引の利便性を高めるとか、アジア諸国が自国通貨建てで借入れを行うのを日本がサポートする、といった提言から、アジア通貨と円や人民元・韓国ウォンとの間の為替レートを固定し最終的にはユーロのような単一通貨をアジアに作るべきだ、といった意見まで、幅広いアイディアが存在します。

中・韓を含めたアジア諸国と日本とは、地理的にも歴史的にも深い関係を築いてきました し、今後もそのような強い関係は続いていくでしょう。従って、円とアジア通貨との関係を深化していくことに反対する人はいないと思います。

ただし、もしそうした一般論が、通貨間に公式の制度的な結びつきを設けるところまで進むのであれば、話は別です。これまで述べてきた通り、多数の通貨の間に固定相場を維持するのは簡単ではありません。ヨーロッパでは、同じような経済発展段階にある先進国が集まっていましたが、結局は西ドイツ（ブンデスバンク）の行う金融政策に他国が（不満を持ちつつも）黙って従うことで固定相場制度（ＥＭＳ）を何とか維持しました。さらにユーロに進む前には、収斂基準によって各国の経済パフォーマンスのばらつきを極小化する努力を長

60 「貿易マトリックスでみるＡＳＥＡＮ市場の成長と貿易相手の変遷」ジェトロ地域・分析レポート　２０２1年6月23日

61 福地亜希「アジアにおける現地通貨利用拡大に向けた動き」国際通貨研究所　２０２1年10月21日

期間続けました。それでもユーロが不完全な単一通貨にとどまったのは、第五章で見た通りです。

一方アジアを見ると、日・韓・シンガポールのように一人当たりGDPの高い国と、カンボジアやラオスのようにいまだに貧しい国とが併存し、加えて巨人ともいうべき中国とインドが控えています。これだけ発展段階も経済構造も金融市場の成熟度も異なる国々が集まって、為替レートを相互に安定させるのは並大抵のことではありません。景気の波や経済構造の収斂には、いったいどのくらいの年数がかかるのか、想像もできません。また、かつてのブンデスバンクの役割は、1990年代であれば日銀が果たしたかもしれませんが、現在であれば世界第2位の経済大国である中国の人民銀行の行動に他国が追随することになるかもしれません。それが日本をはじめとする他のアジア諸国にもたらす「不満」は、フランス国民がブンデスバンクに対して感じた不満とは比べ物にならないでしょう。

つまり、円のグローバルなプレゼンスを高めるためにアジアの諸通貨と連携する、という考えは、あくまでも技術的なレベルにとどまる限りにおいて有効であり、そこから進んで固定相場制に各国通貨を結び付けるとか、さらには法的・政治的に統一に向かうような目標を設定してみても、それが現実的に機能する見通しは当面立たないと思われます。

何よりも、そのようなプロセスに踏み出したら、日本はアジアのリーダーとして主導的な役割を担うのではなく、集団指導体制の一角を担うことで満足せざるを得ず、場合によっては中国など他国の決定に追随するしかない状況に陥っていくかもしれません。そのようなプロセスに国民的支持が集まるとは、現時点において考えられません。

(3) ドル秩序への貢献

円の国際化の究極の目標が、ドルの覇権的な役割を補完し、ドルを中心とする国際通貨秩序にアジア地域で貢献する、というものであった以上、円自体のプレゼンスの高低のみで円の国際化の成績をつけるのは不適当です。それでは、円はどの程度、ドル秩序の維持に貢献しているのでしょうか？　明示的に判定するのは困難ですが、次のような貢献は、間違いなく国際経済・金融秩序を支えていると考えます。

(a) 米国債の購入

アメリカは大幅な財政赤字を背景に、毎年大量の国債を発行し、その20％程度を海外で消化しています。そして日本の官民は、コンスタントに米国債を購入してきました。２０００年代後半から２０１０年代前半にかけて、中国の購入額が日本を上回りますが、その後は日本が第１位の座を守り、特に最近では日本の購入額が群を抜いています（図６‐２）。

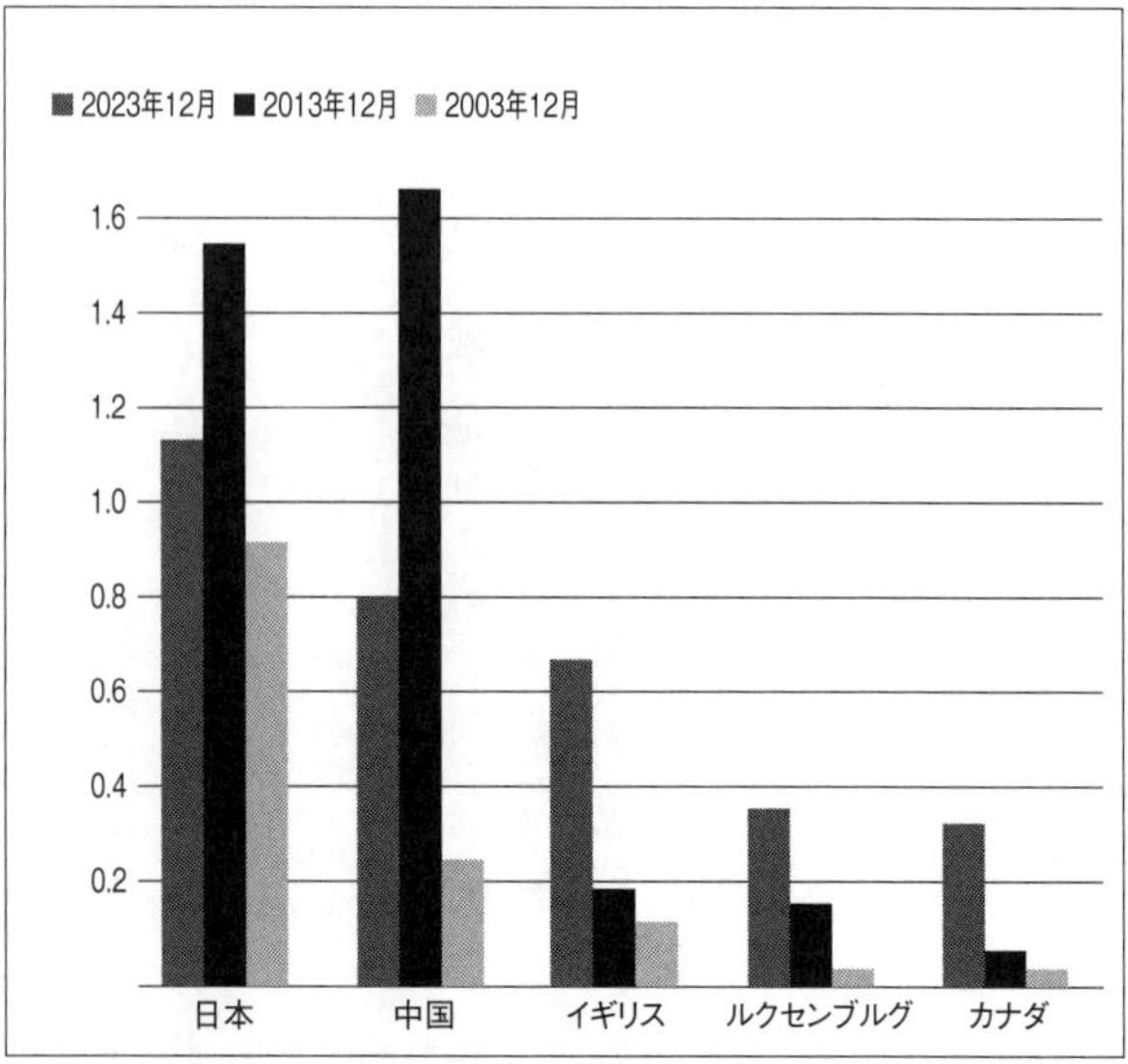

図 6-2　米国債購入額の上位5か国（単位：兆ドル）
（出典：アメリカ財務省など。ドル価値は2023年ベースに調整後）

米国債の消化が順調に進まないと、アメリカ経済、ひいてはドルへの信認が低下する恐れがあります。日本の官民が意図的にアメリカを支えようとしているわけではないでしょうが、日本が大口購入を続けることで、結果としてドルの信認を下支えしていると言うことができます。

（b）チェンマイ・イニシアティブ

1997~98年のアジア危機で急激な資本流出を経験したアジア諸国に対し、日本は陰に陽に様々な支援を行いました。その一つが、危機時に相互に外貨（ドル）を融通し合う仕組みの構築であり、合意された場所の名前を取ってチェンマイ・イニシアティブと呼ばれています。当初は、ＡＳＥＡＮ各国と日・中・韓の間で二国間の取極めを結んでいましたが、２０１０年以降は一つの協定に各国が参加する形となって機能が向上し、総額も２４００億ドルと相当な規模に拡大されました。各国の経済動向をモニターする国際機関も設立されています。

幸い、その後アジア諸国が危機に見舞われたことはなく、チェンマイ・イニシアティブを発動してドルを融通する場面はまだありません。ただ、仮に危機が発生しても資金流出にある程度対処できるだけのドルが域内で入手可能である、との安心感は、アジア地域の金融・経済の安定に役立っていると思われます。

（ｃ）中央銀行間のスワップ取極め

第十章で詳しく論じますが、２００８年の世界金融危機以降、ＦＲＢが日銀を含む主要中央銀行にドルを供給する仕組みが恒久的に設けられました。仮に金融市場でドル不足が発生した場合、日銀はＦＲＢからドルを制限なく調達することができ、そのドルは東京市場を通じてアジアをはじめ世界中の企業・金融機関に供給される可能性があります。それにより、東京市場が国際金融・経済の機能強化と安定に向け、一翼を担うこととなりました。

（d）国際機関への支援

日本は、ＩＭＦと世界銀行の双方で第2位の投票シェアを有しています。両機関では、常に国際経済・金融上の種々の問題に関する議論が行われていますし、支援を必要とする国々への融資や無償支援が行われています。日本は、両機関において積極的に議論に参加し、また資金面での協力を行っています。現在の国際経済を支える両機関を積極的に支援することで、ひいてはドルを中心とする秩序が円滑に機能する一助となっていると考えます。[62] 日本の経済規模が相対的に低下していく中で、日本の投票権は今後低下していくかもしれませんが、両機関での日本の存在感は何らかの形で維持し続けなければいけないと思います。

日本はアジア地域の経済発展に貢献するアジア開発銀行（ＡＤＢ）に対しても大きな人的・資金的貢献を行い、リーダーとして活動しています。中国・インドなどから得られる多額の二国間支援・融資とは一線を画して、国際的な基準に従い途上国の自立を後押しするＡＤＢは、地域内外の関係国間で開発問題のコンセンサスを形成する重要な役目を担っており、現行の国際経済秩序の機能を支えています。

（e）東京市場の活用

「円の使用又は保有の高まり」はともかく、東京市場の競争力を高め、日本の金融業が発展するのは日本経済の将来に大きな意味を持ちます。また、東京市場が機能を高めることは日本内外の企業の活動を通じてアジア地域全体の経済発展にとっても意義があるでしょう。それが結果として、円の国際的な利用を高めることにつながるのであれば、一石二鳥です。

最近では、東京市場がグリーン・ファイナンスを強化することで、東京市場の活性化とアジア地域の脱炭素化の双方を推し進める提言も行われていますが[63]、このように東京市場の特色をはっきりと明確化し、得意分野を磨いていくのは理にかなっています。

各種のランキングで東京市場の地位は低下しています。しかし、こうした評価は主観的なものも多いので、額面通りに受け取る必要はありません。ただ、東京でビジネスを行う際のコストの高さ、合理性の低い規制、意義の低下した慣習、といった点への関係者からの指摘は真摯に受け止める必要があるでしょう。他方で、東京市場の問題点として必ずと言って良いほど「税金が高い」という声が上がります。そして、シンガポールでは所得税の最高税率

62 とはいえ、日本はアメリカ（投票権シェア第1位）の意見に盲従しているわけではありません。例えばアジア危機時のＩＭＦの対応については、アメリカその他の主流派と激しく対立しました。

63 中曽宏、橋本政彦「国際通貨としての円」『フィナンシャル・レビュー　令和5年第3号』財務省財務総合政策研究所　2023年6月

が日本の半分だし、相続税もない、と続くのが常です。国情の違うシンガポールと税制を比較しても仕方ありませんが、あえて言えば、高額所得者の多い海外金融関係者のために最高税率をシンガポール並みに下げることは、日本人の国民感情から受け入れられるとは思われません。もし本当に課税負担の差で東京市場がシンガポールに追い付けないのであれば、それはやむを得ないことかもしれません。東京市場はそれ以外の強みを磨くしかないでしょう。

三体？――「国際化」の真の意味

過去40年ほどにわたり進められてきた「円の国際化」政策は、残念ながら目に見える成果を出したとは言えません。2000年頃、導入直後のユーロが対ドルで下落して1ユーロ＝1ドル前後で推移し、円が1ドル＝100円近辺にあった際、1ドル＝1ユーロ＝100円で三極の通貨を固定し、やがてそれを三極統一通貨、そして世界通貨へと発展させようという構想が語られたことがありました。その前提として、1ドル＝100円でなく、円の単位を100分の1にしてゼロを二つ落とし、1ドル＝1円にする「デノミ論」も盛んでした。その現実性はともかく、今となっては、一抹の夢としか言いようがありません。

「¥」というシンボルは、日本円だけでなく人民元（Yuan）にも用いられますので、最近日本国外では円よりも人民元のことを指し示す場合が増えてきているように感じます。それだけ円が地盤沈下してしまったのは、日本経済が停滞し、日・中の経済力が逆転して引き離されている現状からやむを得ないかもしれません。しかし、次章で論じるように人民元はまだ国際通貨としての機能を十分に果たせる段階ではないので、円にはまだまだ重要な役割が残っているのも事実です。地盤沈下を嘆いていても仕方ありません。

円が小規模ながらも依然としてキー・カレンシーの一つであることは間違いありません。経済力に応じた責任を負う覚悟は、既に世界に向けて宣言しています。日本よりも経済規模の小さいイギリスやスイスの通貨は、シェアは低いにしても依然として人々に重宝され、敬意を受けています。ドルを殺すのではなく、ドルを支えると決意した以上、日本の円も世界経済・金融秩序の安定のために果たすべき役割を淡々と担って、キー・カレンシーの地位を維持するよう努力を続けて行くべきです。

それこそが、「国際化」の真の意味ではないでしょうか。

第七章
レッド・ドラゴン

人民元の興隆

現在、世界の国々は大きく三つのグループに分けられます。

第一に、アメリカをリーダーと仰ぐ自由主義陣営に属し、政治体制・経済イデオロギー・社会思想・大衆文化などを共有する国々です。経済・金融面では、従来アメリカおよびドルの覇権的地位を受け入れた上でその恩恵を受けてきており、あえて現行の秩序に挑戦する必要を感じていないと思われます。

第二に、アメリカ的な価値観を拒否し、戦後秩序に明確に挑戦する国々です。政治的影響力や軍事力の面では、ロシアやイランもアメリカに対抗しているわけですが、本書のテーマである国際経済・金融の土俵でアメリカの潜在的なライバルになり得る実力を備えているのは、言うまでもなく中国だけです。中国は、これまでアメリカが中心となって構築・運営してきた経済・金融・貿易体制の恩恵を受けて発展を遂げてきましたが、それと並立する新たな体制を自らが中心になって徐々に確立していこうとしているように見えます。

そして第三のグループが、いわゆる「グローバル・サウス」と呼ばれる発展途上国・中進国の一群で、経済発展に伴い政治的にも自信を深めて、国際的な発言力を高めています。グローバル・サウスのリーダーを自任する国はいくつかありますが、現時点ではそれらの国の「支配力」が確立しておらず、必ずしもグローバル・サウスとして統一された行動をとるわけではありません。経済的には現行のアメリカ主導の経済・金融・貿易体制から恩恵を受けていますが、政治的にはアメリカ的価値観に対して是々非々で対応するところが共通しています。といって、中国・ロシア等の価値観に完全に同調しているわけでもありません。

現在、第一・第二のグループの双方が、仲間を増やすためにグローバル・サウスに接近しています。特に中国はグローバル・サウスに影響力を拡大することで、自らを中心とする秩序のすそ野を広げようとしています。政治的にアメリカ中心の世界に違和感を持つ国々が一定数いるのは事実ですし、中国と深い貿易関係を結ぶ国々も多いので、中国の周囲にそうした国が集まってグループを作ったとしても驚くにはあたりません。

他方で、アメリカ主導の経済・通貨秩序が、完璧とは言えないにしても第二次世界大戦後の80年間一定の繁栄をもたらしてきたのは間違いなく、今後もグローバル・サウスに発展の機会を与え続けることは確実です。中国が、グローバル・サウスに同じような機会を与える新たな体制を構築できるかどうかは、究極的には人民元の将来にかかっています。人民元が心柱としての実力を確立すれば、「基軸通貨」として新たな体制を支える可能性が見えてくるでしょう。そこまでいかなくても、人民元がキー・カレンシーとしてドルと並ぶ実力を得て、現行の経済・金融秩序のリーダーとしてアメリカと並び立ち、やがてアメリカの指導力を凌駕していくシナリオも考えられます。

本章では、人民元の現在の実力を評価し、ドルと並ぶ覇権通貨、ひいては新たな体制の基軸通貨となるために必要な条件を考えます。本書の言い方をあえて使えば、人民元はドルを殺すのでしょうか?

人民元の実力

(1) 経済規模

先述の通り、経済規模だけで通貨の実力が決まるわけではありませんが、大きな要因の一つであることは間違いないでしょう。

中国経済が過去30年ほどで驚異的成長を遂げたのは周知の事実です。その結果、世界銀行によれば、1990年には国民の72%が最貧困レベルであったのが、現在ではわずか0・1%に過ぎません。これほどの貧困削減は、歴史上空前の大成果と言って過言ではありません。ただし、それに伴い所得格差が拡大したり、環境汚染が悪化しているなど、社会的な問題が増大していることにも留意が必要です。

いずれにせよ、マクロ的に見ると、国民の生活水準（一人当たり名目GDP）は、1990年時点でアメリカの1・5％だったのが、2022年には16・6％まで上昇しました。30年余りで国民の相対的な豊かさが10倍以上に躍進したわけですが、それでもまだアメリカに遠く及ばないことも事実です（ちなみに2022年の日本の一人当たり名目GDPはアメリカの44％です）。

では、国全体の経済規模はどうでしょうか？

1990年から2022年までに、中国の名目GDPは約50倍に爆発的に増加し、アメリカ経済との比較でも、1990年はアメリカの7％の規模だったのが2022年には70％まで上昇しています（2022年のユーロ圏と日本の名目GDPは、それぞれアメリカの55％と17％）。こうした動きを見て、多くの人は中国経済が2030年代にはアメリカを追い抜いて、世界一の規模になるだろうと考えました。

その後このような見方には二つの面から修正が加えられています。一つは、新型コロナ危機後の中国経済の不調です。不動産業界で大規模開発事業者が経営難に陥って投資が低迷したことや、若年失業率の上昇などで消費が伸び悩んだことが直接の原因ですが、より長期的には、投資に依存した成長戦略の限界や、国営企業優遇によるイノベーションの停滞が懸念されています。

二つ目は、人口構造の変化です。すでに世界最大の人口を抱える国は中国からインドへと移ったようですが、中国では出生率の低下が加速して日本を下回るレベルに達しており、高齢化も進むことから、経済成長のハードルが高くなってきています。その結果、中国経済がアメリカを抜いたとしても、数年内にまたアメリカが抜き返して１位に返り咲くだろうとの見方や、そもそも中国がアメリカを抜くことはないのではないか、との見方も出てきました。とはいえ、一位か二位かにかかわらず、中国が相当な期間アメリカに匹敵する経済規模を維持するだろうことは確実です[64]。

（２）貿易

中国は貿易でもプレゼンスを高めてきました。ＵＮＣＴＡＤの統計では、世界全体のモノの輸出に占める中国のシェアは、ＷＴＯに加盟した２００１年に４・３％（香港等を除く）でしたが、新型コロナ危機前の２０１９年には13・１％に上昇しています（図７‐１）。同期間にアメリカのシェアは11・８％→８・６％、日本のシェアは６・５％→３・７％と低下しています。輸入についても同様に、中国のシェアは３・８％（２００１年）から10・７％（２０１９年）へと上昇し、同期間にアメリカのシェアは18・４％→13・３％、日本のシェアは５・４％→３・７％と低下しています（図７‐２）。つまり、モノの貿易に関する限り、

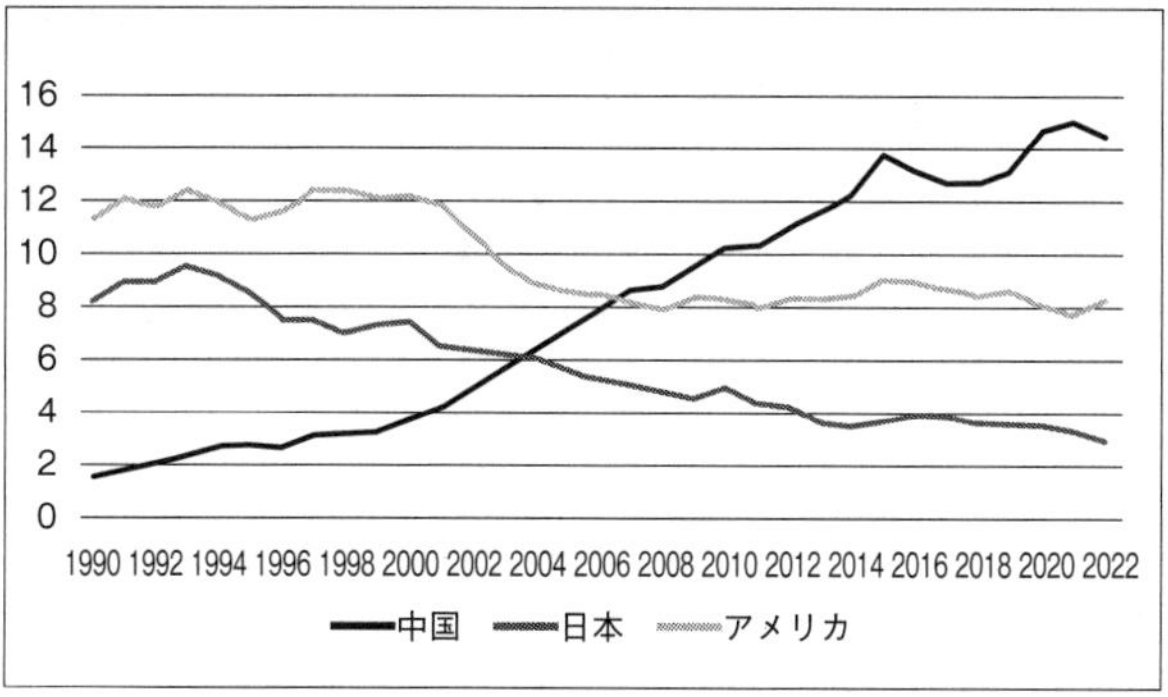

図 7-1　輸出の世界シェア（%）　　　　（出典：UNCTAD）

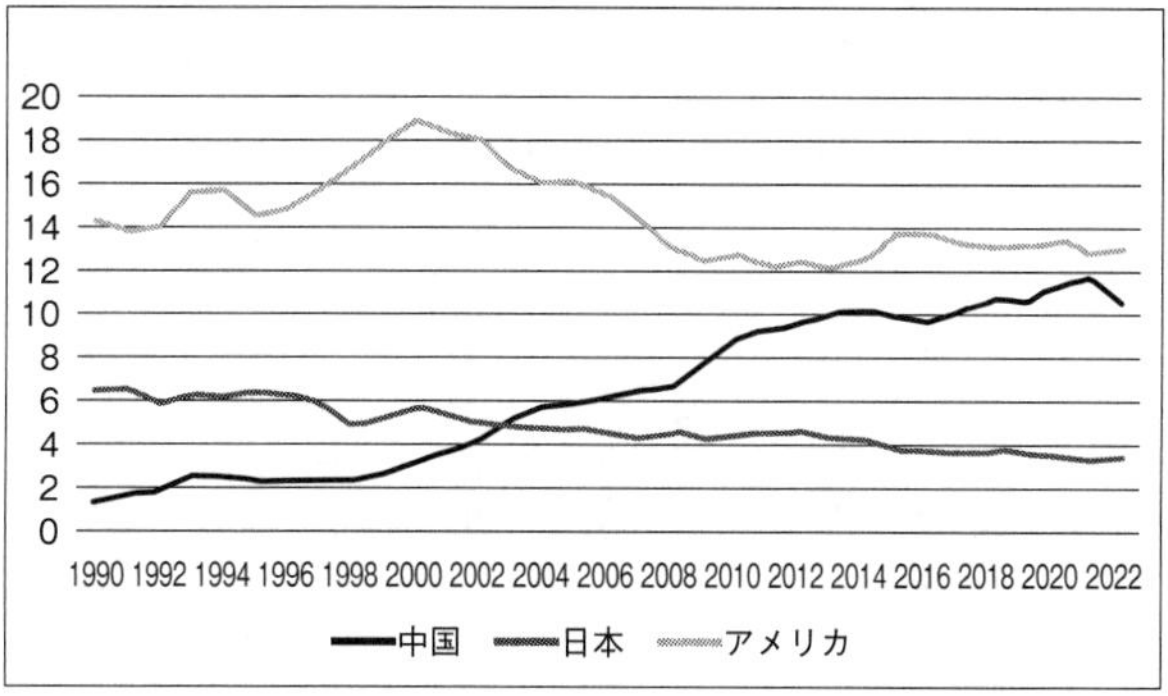

図 7-2　輸入の世界シェア（%）　　　　（出典：UNCTAD）

中国は現在、世界第1位の輸出国、世界第2位の輸入国です。その結果、120か国以上で中国が最大の貿易相手国となっているそうです。すなわち、特定の国や地域に偏らず、世界中で貿易面のプレゼンスを高めているということです。

まさに「世界の工場」として驚異的な成長を果たしたわけですが、これだけ貿易上でのプレゼンスが高まったのですから、人民元のプレゼンスも同様に高まったと考えるべきでしょうか?

それには、貿易の通貨建ての問題があります。貿易額がいかに増えても、貿易がドル建てやユーロ建てで行われていたのでは、人民元の利用拡大にはつながりません。そこで日本の貿易統計を見てみると、2010年代半ばから人民元建て貿易のシェアが少しずつ増えていき、最近では日本の全世界に対する輸出・輸入それぞれの約1~2%が人民元建てです。おそらく欧米など他の先進国が中国と行う貿易でも、同様に人民元建て比率は低いと想像できますが、他方で中国側の発表によると、モノの貿易総額に占める人民元建て貿易の比率は14・7%だそうですので[65]、香港との間の取引は当然として、それ以外の近隣国や新興国・途上国との貿易でも人民元建ての比率がある程度高いことになります。確かに、ブラジルやアルゼンチンは対中二国間貿易での人民元利用を推進する姿勢を示しています。また、原油など一次産品は慣習的にドル建てで取り引きされますが、中国はアメリカから経済制裁を受けているイランやロシアから原油を輸入する際に人民元で支払っているとの報道がありますので、[66]そうした事情が、貿易総額での高い人民元建て比率に反映されているのかもしれません。

（3）投資

投資における人民元建ての決済は、貿易をはるかに上回ります。先に触れた中国人民銀行（中央銀行）のレポートによると、2021年のモノの貿易のうち人民元で決済されたのは5・8兆元ですが、人民元建ての投資は28・7兆元（流入と流出がほぼ半々）に上り、その4分の3はポートフォリオ投資（株・債券）でした。その要因は、近年人民元建ての株・債券のトレーディングが増加していることですが、その背景には欧米の大手金融機関が作成す

64　こうした議論は、今後の成長率をどう仮定するか、名目値で見るか実質値で見るか、など種々の前提の置き方によって変化しますので、厳密な予想にはなりません。なお、本文の記述は名目為替レートに基づいていますが、途上国では一般に物価が安いことを勘案した購買力平価（ＰＰＰ）ベースの為替レートに基づくＩＭＦの試算では、中国経済はすでに2016年にアメリカを抜いて世界一になっています。

65　"2022 RMB Internationalization Report（2022年人民元国際化報告）",The People's Bank of China（中国人民銀行）.

66　ロシアは2014年のクリミア侵攻以来、原油に限らず対中貿易の多くを人民元建てで行っていると想定されています。

るグローバルなベンチマーク指数（株や債券の代表的な銘柄を組み合わせてその動きを一目でわかるようにして投資商品としたもの）が、人民元建ての株や債券を一部組み入れたことがあると言われています。

世界銀行によれば、海外投資家は２０２２年に人民元建て債券への投資から資金を引き揚げました。これは欧米の利上げに伴い、欧米での投資のリターン（収益）が上がったことが主因と考えられます。他方で株式投資（直接投資を含む）も減少しており、これが一時的な現象なのか、中国の長期的な成長見通しの低下によるものなのかは、現時点でははっきりしません。ただ、中国経済の減速もあり、海外投資家による人民元建て投資が一本調子で増えていく状況にはなさそうです。

ＩＭＦによると、中国の資本規制はつい10年ほど前まで完全閉鎖に近い状態でした。[67]つまり海外投資家が中国国内に資金を持ち込むことも、中国から資金を持ち出すことも、極めて困難でした。その後、ＳＤＲ構成通貨入りを目指した自由化プロセスにより、海外投資家等が中国国内に行う長期の投資に関しては徐々に規制が緩和されており、かなりの自由化が進んでいるのは間違いありません。他方で短期の投資については依然として規制が残存しています。[68]

（4）債券発行

非居住者が中国の潤沢な貯蓄を活用すべく中国国内で発行する人民元建て債券をパンダ債と呼び、国際的な投資家を対象にオフショア市場（主に香港）で発行するものをディムサム債（点心債）と呼びます。パンダ債の発行は2016年に顕著に増加した後、毎年約700〜1000億元程度発行されました。他方点心債は、ここ数年で発行額が数倍に増加し、2022年には3000億元程度（約420億ドル）に達しています。

BISによれば、それでも人民元建ての債券は、国際市場で無視できるほどの規模（直近で0・7%）しかありません。

（5）二国間スワップ

二つの国の中央銀行が相互に自国通貨を交換する形で供給し合う仕組みを二国間スワップと呼び、日本をはじめ多くの国の中央銀行が、事前にそうした取極めを結んで、必要な際に

67 Hector Perez-Saiz & Longmei Zhang, "Renminbi Usage in Cross-Border Payments: Regional Patterns and the Role of Swaps Lines and Offshore Clearing Banks", IMF Working Paper WP/23/77, March 2023.

68 露口洋介「資本取引自由化の最近の動向」『Science Portal China』2021年12月27日

即座に実行できるよう備えています。そのメリットは、外貨準備に手を付けずに外貨を調達できるということです。

スワップ取極めを発動すると、相手国（例えばタイ）が中国にバーツを渡し、それと交換に同価値の人民元が中国からタイに渡されます。通常は、決まった期日に、あらかじめ決めておいた為替レートで、今度は人民元がタイ→中国、バーツが中国→タイに送られて取引が完結します。仮にタイで、中国からの人民元建て輸入の決済に用いる人民元が不足していた場合、タイはバーツないし手持ちの外貨（ドル、円等）を為替市場で人民元に交換して中国に支払うことができますが、市場でバーツ安が進んでいるとか、ハード・カレンシーを手元に置いておきたいなど、何らかの理由でそれを避けたい場合、スワップを発動して自国通貨（バーツ）と交換に一時的に人民元を中国から直接入手できるわけです。

中国人民銀行は、現在29か国・地域の中央銀行とこうした取極めを締結しており、その総額は約4兆元（約5500億ドル）を超えると発言しています。最近では、アルゼンチンとの間でスワップが発動されたのが話題になりました。これは、アルゼンチンがIMFから受けている融資の返済に充てる外貨準備（ドル）が不足しているので、スワップでペソを対価に人民元を入手してIMFへの返済の一部に充てるという特殊なオペレーションでした。

先進国の中央銀行が、スワップ取極めを発動して自国通貨を供給するのは、相手国の金融市場でその通貨の流動性が不足して市場が不安定化している場合や、相手国が金融危機に陥って資金が流出し外貨準備を緊急に増強する必要がある場合などが通例です。アルゼンチンの例では、金融市場の安定確保や外貨準備の増強ではなく、外貨準備（ドル）に手を付けずにＩＭＦへの返済を行うという苦肉の策に人民元スワップが役立ったわけですが、今後ＩＭＦへの融資返済に苦労する途上国が同様の目的で人民元スワップを発動する事例が増加しても不思議はありません[69]。

スワップを通じて人民元を供給するネットワークを構築したのは、やはり中国が人民元の国際通貨としての地位を築いていこうと考えているからに他ありません。そのためのインフラとして、スワップ取極めに並んで重要なのが決済システムです。

（6）決済システム

現在、国際金融取引の決済に際してはスイフト（ＳＷＩＦＴ：Society for Worldwide Interbank Financial Telecommunication）というシステムを用いるのが事実上の国際標準です。これは送金者から受取人への資金移動が円滑に行われるように、それぞれの銀行口座

69　ＩＭＦへの返済は限られた通貨でのみ行うことができますが、ＩＭＦは人民元による返済を認めています。

情報や氏名、送金目的などを定型的にコード化したメッセージを媒介するネットワークです。例えば参加銀行には固有の番号が割り当てられているので、それを記入することで容易かつ安全に資金を目的口座に送ることができます。現在、世界中の国・地域にある1万1000以上の銀行が参加し、決済額は一日当たり5兆ドルにも達すると言われます。通貨別の内訳ではドル（40～50％）とユーロ（30～40％）が双璧で、その他は英ポンドと円がそれぞれ3～6％程度、人民元は1～2％です。

ただし、人民元を用いた決済には偏りがあります。先述のIMFの分析によると、調査対象とした125か国のうち4分の1は中国との取引の7割以上を人民元で決済している一方、4分の1の国では人民元を用いた決済はほぼゼロです。現在人民元を多用している国々も、2010年代初めにはほぼゼロでしたので、急速に人民元利用が（一部の国に）広がったことが分かります。

中国は2015年に、人民元を用いた国際取引の決済を行うシステム（CIPS：Cross-Border Interbank Payment System）を創設しました。これは資金の移動と共にメッセージを送るものですが、メッセージの部分はCIPSを使ってもスイフトを使ってもどちらでも対応できるようになっています。現在ロシアの主要な商業銀行のいくつかはスイフトから排除されていますので、ロシアと中国の間の貿易取引は、CIPSを通じて人民元建てで決済されているものと推定されます。

CIPSは発足以来着実に規模を拡大し、2021年には直接・間接に参加する銀行が約1300行で、一日当たり決済額は約3200億元（約500億ドル）となりましたが、もちろんスイフトにははるかに及びません。

（7）対外融資

中国は低中所得国の中で最大の債務国であると同時に、低中所得国に対する最大の債権国でもあります。

中国が低中所得国の政府に対して直接行う融資と相手国政府の保証を得て政府以外に対して行う融資の合計は、2012年からの10年間で約3倍の1800億ドルに激増しました。そのほとんどは、インフラ整備や採掘業関連（特にサブサハラ地域）に融資されています。このタイプの融資は今後減少すると見込まれていますが、一方で民間債務者に対して政府保証を付けずに行う融資が巨額に上っています。[70] BISがまとめた統計によると、中国の銀行は2・6兆ドルの対外融資残高を有しており、その多くは相手国の政府保証ではなく、中国

70 World Bank Group, "International Debt Report 2023".

側の輸出保険機関によってカバーされているようです。

　中国が途上国に融資を行う枠組みとしては、通商ルートを整備するためにインフラ投資を支援する無数のプロジェクトを総称する「一帯一路」が有名です。一帯一路の規模（累積残高）は約1・3兆ドルと見込まれ、日本が途上国支援のために行う融資（円借款）の累計承諾額（約44兆円＝3000億ドル強。2022年度）をはるかに上回っています。一帯一路は主に国有の政策銀行等を通じて行われますが、融資には秘密保持条項がついていることが多く、その詳細は必ずしも明らかではありません。

　一帯一路の融資は従来ドル建てが中心でした。これは、2000年代に巨額の経常収支黒字が累積した際、それに伴う人民元高を避けるために中国当局が大量のドル買い介入を行って外貨準備が急増したので、そのドルを途上国への融資に向けることで大国としてのプレゼンスを高めつつ、ドル資産からの収益を高めようとしたためだと言われています。ところが2010年代後半から人民元による融資が急増し、現在は半分以上が人民元建てと分析されています。[71] また、ここ数年途上国からの返済が焦げ付くようになってきました。安易に借りた債務国と、安易に貸した中国側双方の問題ですが、中国は貸出債権のリストラ（返済負担の軽減や債務の金利・元本の削減等）を嫌うので、最近は返済困難に陥った債務国への追い貸しが増えており、追い貸しの多くは人民元で行われるようです。

ドル建てで行った融資の返済に困る債務国に人民元を追い貸しする理由は明らかではありません。先述のアルゼンチンの例のように、債務国がＩＭＦに対しても返済を行う場合には、人民元の融資をＩＭＦへの返済に使うことで外貨準備（債務国が保有するドル等のハード・カレンシー）の減少を避けるメリットがあるでしょう。あるいは中国側に人民元の融資に切り替えたい事情があるのかもしれません。

いずれにせよ、人民元建ての対外貸付の増加は、人民元の国際的な利用を潜在的に後押しする可能性があります。

（8）外貨準備等

ＩＭＦによると、各国が保有する外貨準備のうち人民元が占める割合はまだ円や英ポンドの半分程度です（表７‐１）。

また、ＢＩＳが3年ごとに行う外国為替市場の取引の調査（２０２２年4月）では、ドル

71 Parks, B. C., Malik, A. A., Escobar, B., Zhang, S., Fedorochko, R., Solomon, K., Wang, F., Vlasto, L., Walsh, K. & Goodman, S. "Belt and Road Reboot: Beijing's Bid to De-Risk Its Global Infrastructure Initiative". Williamsburg, VA: AidData at William & Mary, 2023.

	2016年末	2017年末	2018年末	2019年末	2020年末	2021年末	2022年末
ドル	65.36	62.73	61.76	60.75	58.92	58.80	58.52
ユーロ	19.14	20.17	20.67	20.59	21.29	20.59	20.40
円	3.95	4.90	5.19	5.87	6.03	5.52	5.51
英ポンド	4.35	4.54	4.43	4.64	4.73	4.81	4.92
人民元	1.08	1.23	1.89	1.94	2.29	2.80	2.61
その他	6.12	6.43	6.05	6.22	6.73	7.48	8.05

表 7-1　各国の外貨準備に占める主要通貨の割合（%）
（出典：IMF。通貨別内訳を報告しない国の外貨準備を除く）

が全体の88・5%、ユーロが30・5%、円が16・7%、英ポンドが12・9%で、それに続く人民元が第5位の7・0%でした[72]。

こうして見ると、人民元のプレゼンスは徐々に高まっているとはいえ、まだ上位とはかなり差があります。一方、IMFが創出する準備資産のSDRは、現在主要通貨を加重平均してその価値を計算していますが、人民元のウェイトは2022年の見直しで10・9%から12・3%に引き上げられました。IMFはSDR構成通貨のウェイト付けに際して、その国の輸出額を考慮しますので、輸出が世界第1位の中国の人民元のウェイトが比較的高くなっています（表7－2）。

今後の見通し

中国経済の驚異的な成長に伴い、人民元の国際的なプレゼンスが徐々に高まっているのは間違いありませんが、こ

	ドル	ユーロ	円	英ポンド	人民元
2015 年	41.73	30.93	8.33	8.09	10.92
2022 年	43.38	29.31	7.59	7.44	12.28

表 7-2　SDR 構成通貨のウェイト（%）　（出典：IMF）

こまで見てきたように、現時点ではまだ国際化の途上にあると評価すべきでしょう。実際、中国人民銀行自身が各分野での国際通貨の使用状況をまとめて指数化した計算では、ドル（58・13）、ユーロ（21・81）、英ポンド（8・77）、円（4・93）に比べて、人民元の値は2・80とされています（2021年末）。つまり人民元の国際化はまだまだ、と自ら認めているわけです。では、人民元がキー・カレンシーの一画を占めるには何が必要なのでしょうか？

①香港の機能

中国の強みは、もちろん巨大な経済と貿易の規模ですが、それに加えて香港の存在が重要です。香港は中国にとって欠かせないオフショア金融センター[73]であり、実は人民元建て対外決済の約半分は香港との間で行われています。海外からの投資は、香港を窓口として本土の市場に向かうことで、香港という金融市場のインフラへの信頼を活用することができます。逆に言えば、香港がなければ、人民元の国際的な実力は現状の半分程度との評価になってしまいます。主要通貨との差はかなり開きます。

香港は中国の対外取引に欠かせない存在ですが、最近の国家安全維持法などにより、香港がより「本土化」してきたと投資家などが考えれば、例えば司法の公平性などの市場インフラに不安を抱くようになり、香港経由の取引に慎重になるかもしれません。さらに言えば、1997年の香港返還の際に約束した50年間の「一国二制度」維持が2047年に終了した後は、香港は名実ともに中国と一体となり、香港ドルは廃止されて人民元が法定通貨となるでしょう。2047年まで待たずにそうなると考えている人もいます。すると、海外投資家にとっての関心は、中国当局が本土と香港の双方において、公平かつ透明性が高く国際的なルールに従った市場監督を行うか、という信頼感の問題になります。その信頼感が得られなければ、巨大な中国経済とのビジネスは継続したいとしても、海外投資家の中に人民元を使うことへの抵抗感が残ることでしょう。

②人民元調達の必然性

第二次世界大戦直後、アメリカが巨額の貿易黒字を計上する一方、他国は輸入に必要なドルを得られない「ドル不足」に苦しみました。それを解決する手段が、マーシャル・プランを通じたドルの供給（多くの場合、グラントによる無償援助）だったことは前述しました（第三章）。その類推でいえば、中国が大きな貿易黒字を出している状況では、何らかの形で人民元を他国に供給しないと、人民元の国際的な利用が進まないことになります。現状では、二国間スワップや人民元建ての起債を通じて海外の政府・企業等は人民元を入手することになりますが、他国にしてみればドルの方が容易に入手できる（アメリカは巨額の貿易赤字国ですし、オフショアのドル市場は大規模で深みがあります）のに、なぜわざわざ人民元を調達しなければならないか、という疑問が残ります。中国との貿易のうち、現在ドル建てで行われているものを人民元建てに変更するには、中国側がかなり大きな発言力を持っていないと難しいでしょう。例えば戦略物資のレア・アースやレア・メタルを人民元建てでしか売らない、と宣言すれば、多くの国が人民元の調達に走ると思われます。もっとも、同時に他の供給先を探す動きが加速するでしょうから、中国にとっては両刃の剣と言えます。[74]

③資本規制の緩和

72　先述のとおり、トータルは２００％になります。
73　一般に、非居住者向けビジネスを行うために国内の金融規制や税法が適用されない市場のことをオフショア市場と呼びます。香港では、人民元を用いた金融サービスへの規制が中国本土よりも緩和されているため、海外の企業・金融機関と本土の企業・金融機関の双方にとって、香港で金融取引を行う方が便利です。
74　例えば半導体の材料に使われるガリウムの生産は中国が世界の98％を占めています。

輸出や起債によって人民元を入手した企業や政府は、それを現金で持っていても仕方がないので、一時的な投資先の資産が必要です。ところが、人民元をオフショアで運用したくても、人民元建てローンや預金はほとんどが国内（オンショア）にあってオフショアには全体の0・5％しかないそうです。[75] やむなく中国国内の銀行口座に預金したとすると、その後国外に持ち出すときに面倒です。企業の場合、一回5万ドルを超える送金には中国政府から適正な取引であると認められたという証明が必要なためです。先述の通り、株や債券への投資はかなり自由化されてきていますので、それを余資運用の手段に使うことは可能ですが、価格変動のリスクがあることと、投資取引の資格が何らかの理由で取消しになるリスクが残ります。アリペイやディディといった国内大企業でも党や政府の方針で経営方針が急に変更になるならば、海外の金融機関等に与えられた資格の安定性に不安が生じても仕方ありません。

そもそも、資金の海外送金に規制がかかっているのは、現体制に批判的な国内富裕層が資本を持ち出すのを警戒しているためだと言われています。[76] もしそれが正しければ、体制批判がなくなるまでは資本規制が存続することになりますので、人民元の国際化の進展には制約がかかったままになります。

政治的意思の本質

人民元の国際化は、中国政府が政策目標として公言していますが、その目的としては、貿易時の為替リスクを軽減することや、投資促進、国内経済の円滑な発展等が挙げられているのみで、既存の国際通貨秩序を大きく変更しようという意図は少なくとも明示的には見られません。[77] つまり、現時点で中国は、人民元をキー・カレンシーの仲間入りさせることを目指しているにすぎず、ドルを中心とする国際金融秩序に対抗するシステムを構築して人民元をその中心に据える（筆者の定義する「基軸通貨」とする）ことまでは考えていないようです。もちろん、今後の米中対立の動向によっては、そうした目標が定められていく可能性がゼロではありません。

他方で、人民元の国際化については、最近そのプロセスを「着実に」推進するのではなく、「秩序立てて」推進することにアプローチが変更されたとの見方があります。[78] その背景には、

75 "Progress Check on RMB Internationalization", Goldman Sachs, July 2023.
76 海外の企業からの輸入に際し、本来の輸入額より多い金額を払い出して差額を海外の銀行にとどめておく等、資本流出規制をかいくぐる手法が一般的に用いられているとも言われています。
77 柯隆、福本智之、孟渤「中国人民元国際化・デジタル化の示唆」東京財団政策研究所　2023年5月
78 関根栄一「中国の人民元国際化戦略とデジタル人民元との関係・展望」『フィナンシャル・レビュー　令和5年第3号』財務省財務総合政策研究所　2023年6月

人民元国際化のための資本自由化が進み過ぎると、富裕層の資本逃避（その結果としての人民元安）のコントロールが難しくなるとの警戒感があるのかもしれません。

人民元が円や英ポンド並みのキー・カレンシーになるには、資本移動の一層の自由化を進めるとともに、法や規制の適用の公平性への信頼を勝ち取る必要があり、それは現在の政治的体制を維持するという命題とは矛盾する面があります。今後長期的に見ると、政治体制がより自由化の方向に向かって結果として人民元のキー・カレンシー化が実現する可能性も、米中の体制間対立が先鋭化して体制の締め付けが強化されると共にドル秩序に対抗する中国中心システムの基軸通貨として人民元を発展させようとする可能性も考えられます。どちらも人民元の国際化をもたらしますが、その方向性は対照的です。

これまで繰り返し述べたように、通貨の国際化には政治的意思が不可欠です。中国当局はすでに人民元の国際化を政策目標にしていますが、たとえキー・カレンシーを目指すだけであっても、人民元の国際化に向けさらに踏み込んだ対応が必要です。それは人民元の使い勝手を高めるといったレベルを超え、国内から海外への送金を自由に認めるとか、党や政府が市場の動きに介入しないとか、国内企業と海外企業を同等に扱うといった、まさに体制の根幹にかかわるポイントでの政治的意思決定が行われる必要があると考えます。それがなければ、国際通貨の真の一員となるまでの道のりは、かなり長いものとなるでしょう。

人民元は「ドルを殺す」か？

本章の冒頭の問いに戻りましょう。中国との貿易関係は、第一のグループとの間では安全保障上の対立などもあり若干後退しているものの、グローバル・サウスの多くの国々にとっては引き続き魅力的です。従って、中国との経済関係を深めたい国が、中国当局の希望に従い、人民元の使用を高めたり中国発の決済インフラ（ＣＩＰＳ）を活用したりすることは自然ですし、その結果人民元の国際化が徐々に進むことが想定されます。しかし、人民元がキー・カレンシーの一画を占めるのはもちろん、ドルに並ぶ覇権通貨の地位に達するためには、こうした漸進的なプロセスは全く不十分です。これまで指摘したような大胆な政治的決断を行うことで、初めてキー・カレンシーへのスタート・ラインにつくことができるのですが、中国当局は現在の体制を特徴づける国内経済への強力なグリップを手放してまで、人民元のキー・カレンシー化を目指すでしょうか？　これまで、中国共産党・政府が体制継続を第一義の目標としてきたことを考えると、自由化を通じたキー・カレンシーへの道を選択する可能性は当面限りなくゼロに近いように思われます。

一方、第一のグループとの対立が激化してデカップルに向かい、言わば強いられる形で、中国中心の新たな経済体制を目指す可能性はあるでしょう。その場合、自由化を行う必要はなく、むしろ当局の国内経済へのグリップを一層強化していくはずです。統制を強めた中国の周囲に参集する国は少数にとどまり、そのグループ内では人民元が中心になりますが、冷戦期の東側陣営におけるルーブルのように、世界経済全体からみると人民元のプレゼンスは低いままでしょう。

結論として、現段階で人民元に「ドルを殺す」能力はなく、殺すために必要な措置（体制をリスクにさらす自由化など）を採る「動機」もないと考えます。仮に小さいグループのリーダーとなっても、それだけでは「ドルを殺す」には力不足です。

中国経済は巨人であり続けます。しかし人民元がドルの地位を脅かす見通しは立ちません。むしろ、中国の体制が自由化・開放へと向かい、他国にとっての政治的・経済的な「脅威」レベルが低下して初めて、ドルの地位への挑戦が始まるでしょう。「人民元のジレンマ」と言っていいかもしれません。

第八章

電気羊の夢

デジタル・カレンシーの登場

コンピューター技術の発展は、通貨から実体まで奪ってしまいました。金や銀そのものが貨幣であった時代から、単なる紙片が金・銀の裏付けで価値を持った時代、そして裏付けなしの紙片が発行国への信頼だけで価値を持った時代を経て、ついに電子的なデータだけでも通貨として扱われる時代に至りました。[79] しかも国家が発行していないデジタル・カレンシーまで登場し、一般的ではないにせよ、一部の人々はそれを信頼して取引に用いたりしています。

デジタル・カレンシーは明らかに国際的に利用されていますが、これを国際通貨と呼ぶのは正しいのでしょうか？　今後デジタル・カレンシーがキー・カレンシーあるいは「基軸通貨」として受け入れられることはあるのでしょうか？

デジタル・カレンシーの分類

我々の議論の上で、デジタル・カレンシーは大きく三つに分類できます。何の裏付けもないもの、何らかの裏付けによって価値が与えられているもの、そして中央銀行が電子的に発行する通貨です。

(1) 裏付けのないデジタル・カレンシー

この代表格はビット・コインです。

よく知られているように、ビット・コインはブロック・チェーンという技術を使って取引の記録を確定しています。確定は公的な機関が携わることなく、誰でも参加したい人が自主的に行っていますが、確定には大量の演算が必要なので、強力なコンピューターや大量の電力が必要となります。なぜわざわざそのようなコストをかけて確定作業をするかと言えば、確定した人は報酬としてビット・コインを受け取れるからです。これをマイニング（mining）と呼びます。裏を返せば、ビット・コインの新規供給は、マイニングによって行われます。[80] もっとも設計上は2100万ビット・コインで新規発行は終了することになっており、あま

79　実体のある通貨でも銀行の口座間の振替えなどはデジタル・データを使って行われますが、本章でのデジタル・カレンシーのイメージは、実体がないデータのみでも「通貨」として扱われる、というものです。

80　マイニングはもともと採掘という意味なので、金や銀を掘り出して通貨に転換するイメージを、確定を通じたビット・コインの新規供給と重ね合わせているものと思われます。

り早くマイニングが進まないように、マイニングの報酬で得られるビット・コインの数が定期的に半減するように設計されています。

ビット・コインは政府や中央銀行の監視の及ばないコミュニティーの内部で通用するカレンシーで、その売買や貸借などは取引所と呼ばれるサイトで行われます。ビット・コイン自体は需給によって価格が変動し、近時は投資対象として注目されていますが、もともとは経済活動の支払い手段と認識されていました。電子的に取り引きされるので、決済のコストは安く、匿名性が高いのが特徴です。そのため犯罪集団に用いられるのではないかと懸念されました。

そのようなビット・コインがキー・カレンシーないしは「基軸通貨」の地位を得る可能性はあるのでしょうか?

まず留意すべきは、ビット・コインがコミュニティー内の通貨であるため、原則としてそのまま実社会で使用することはできないという点です。買い物や外食に使うには、取引所で現実社会の通貨(ドル、円など)に交換しなければなりません。その意味では、IMFの中でだけ通用するSDRと似ているとも言えます。もっとも日本でも一部の店舗でビット・コインをそのまま受け取る所がありますが、その障害となるのが第二の短所である価値の変動です。

SDRは主要通貨（現在はドル、ユーロ、人民元、円、英ポンド）の価値を加重平均してその価値（対ドル・レート等）を定めています。しかしビット・コインの価値を定める時の基準になるものは何もありませんので、単純に市場における需要と供給のバランスだけで価格が定まります。その結果、激しい価格変動が起こることが珍しくありません。例えば、2021年には、3月ごろの高値6万1000ドルが夏には半値の3万1000ドルとなり、11月にはまた6万4000ドルまで上昇したものの、その後下落して1年後の2022年11月には1万6000ドルと4分の1になってしまいました（図8‐1）。ローラーコースターのような動きは、一獲千金を目指す投機筋には人気かもしれませんが、実社会の経済取引には役に立ちません。もし手持ちの通貨の価値が1年後に4分の1になってしまうとしたら、物価が300％上昇しているインフレと同じことで、国民は生活防衛のためにとっくに外貨や金などの実物資産に資金を移すでしょう。輸出の対価として受け取っても、それを輸入の代金として使うまでに価値が大きく変動するのでは、怖くて受け取れません。民間主体が自由に（というか、勝手に）発行して、受け取る側はその価値がわからない、というのではアメリカの西部劇時代の州法銀行券（第一章）と変わりありません（こういう性質が、政府の介入を嫌う人々の間でビット・コインの人気を高めていることは否定できません）。

驚いたことに、2021年に中米のエルサルバドルがビット・コインを法定通貨に採用し

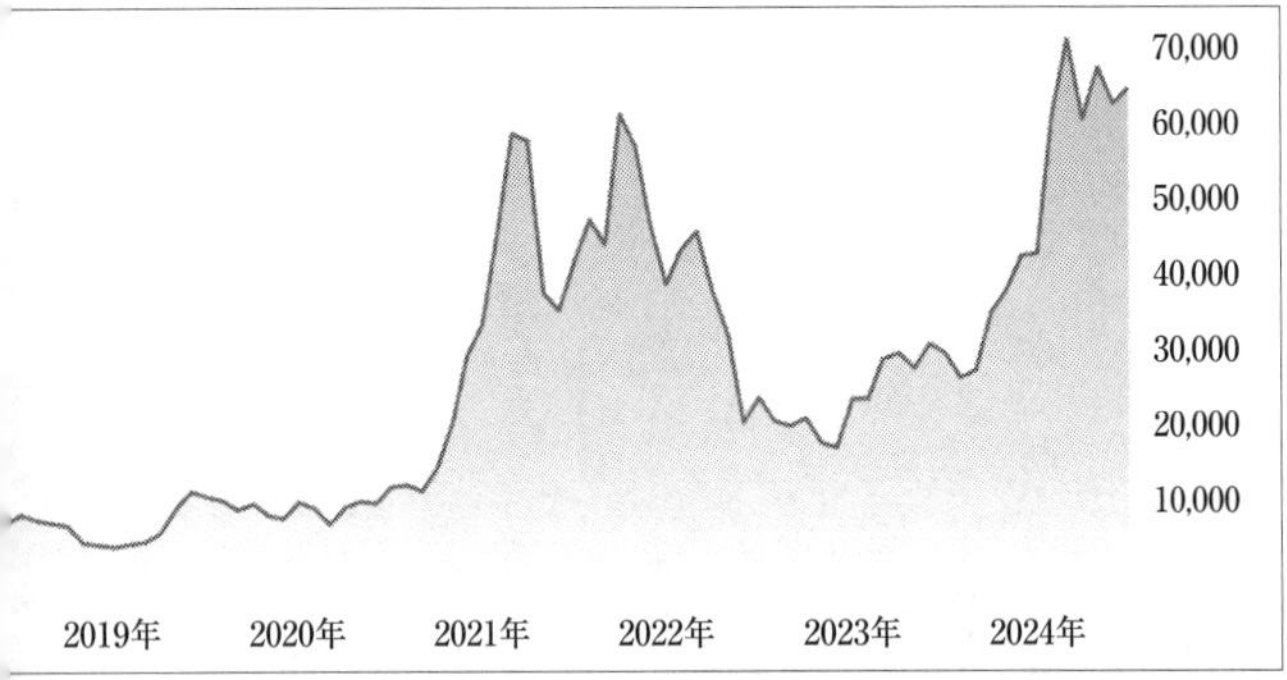

（出典：TradingView）

ました（エルサルバドルは、その前にドルも法定通貨にしています）。それによってサイバー関連の投資を誘致することを目指したようですが、実際には思惑通りにいっていません。正統的な経済政策を推進するＩＭＦや世界銀行といった国際機関は、通貨価値が安定しなければマクロ経済政策の適切な運営は不可能だからビット・コインを法定通貨とすべきではないと反対し、国民の間でも日常生活にビット・コインを使う人の割合はかなり低いと報じられています[81]。

　第三に、ビット・コインはその匿名性から、マネー・ロンダリングなどの犯罪に用いられる恐れがあると懸念されています。その真偽はともかく、政府・中央銀行や一般企業は、そのようなリスクのあるカレンシーを取引に用いたり貸借したりすることに躊躇するでしょう。しかも、取引所がサイバー攻撃にあってビット・コインが不法集団に奪われるような事件が頻繁に起こりますので、

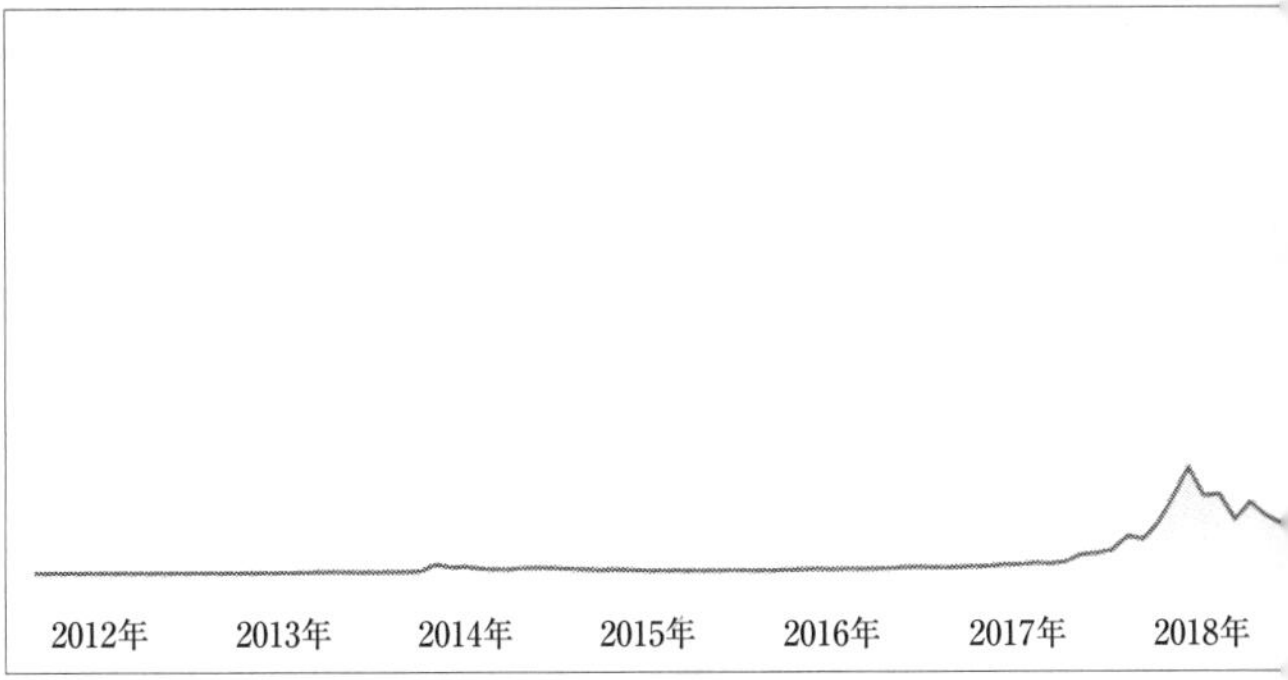

図 8-1　ビット・コイン価格の推移（単位：ドル）

安全性にも懸念があります。

第四に、先述の通り、ビット・コインの供給は実体経済上の必要性とは全く異なる要因で定まり、しかも発行量の上限まで決まっています。通貨には経済活動に合わせた信用創造（銀行融資など）が不可欠なため、ビット・コインを担保として現実社会の通貨が融資されることになるのでしょうが、担保価値が激しく変動する融資は日本のバブル崩壊の経験から見ても、金融機関の健全性を大きく損ないます。同様に供給量が制約されていた金を媒介にしていた金本位制の時代には金の価値が安定していたことがメリットでしたが、ビット・コインは正反対です。金は各国の当局が管理し、すべての主要通貨の裏付けでしたが、ビット・コインは公的な管理がなく、他の主要通貨（ドルなど）と併存するものですから、価値が変動するのは当たり前です。

最後に、ビット・コインが国際通貨となる上での最大の障害は、政治的意思の欠如です。より正確に言えば、国際通貨となることによるコストを引き受けるという政治的な宣言をする主体が存在しないことです。仮にビット・コインの利用者やマイニングを行う人々（そのほとんどは匿名です）がそのような宣明をしたとしても、何の実効性も見出されません。むしろ、通貨というものを従来の政治的秩序から解放し分権化しようというのがビット・コインの目的ですから、コミュニティーを代表して政治的な宣言を行う主体がいないのは当然です。

このように、現実の経済取引に用いるには不便で、価格変動が激しく、トラブルになった際の司法管轄も不明だし、場合によっては犯罪者も活用しているというビット・コインが、国際通貨として重要性を持つ（キー・カレンシーとなる）ことは普通には考えられません。経済学による貨幣の定義に従えば、（投資対象という意味で）価値の保存機能はあるが、交換機能（日常的に取引に使えない）と尺度機能（価値の変動が大きい）は極めて低い、というわけです。もっとも、正統派から「貨幣」と認められないことは、ビット・コインのコミュニティーではむしろ歓迎すべきことなのでしょう。

正統派が何と言おうと、限られたコミュニティー内では、ビット・コインを中心とするシステムが構築される可能性があります。ややSF的ですが、サイバー共和国のようなグループの活動ルールの中心にビット・コインがあるのであれば、ビット・コインがそのコミュニティーの「基軸通貨」となっているということができるかもしれません。もちろん、それはグローバルな現実社会でドルやユーロに挑戦する通貨、という意味を持つものではありませんし、コミュニティーの外での経済活動にはほとんど影響を与えないでしょう。

（2）価値の裏付けのあるデジタル・カレンシー

ビット・コインと異なり、何らかの資産やアルゴリズムなどを裏付けとするデジタル・カレンシーをステーブルコイン（Stablecoin）と呼びます。文字通り、価値が安定している（stable）コイン、というわけです。代表的なものに、ドルと連動する「テザー」などがあります。

これらのステーブルコインは、きちんと運営されている限りにおいては、その背後にある資産の信用力を生かしつつ、テクノロジーを用いて高い利便性を提供するという、一石二鳥

81　本来法定通貨は受取りを拒否することはできないはずですが、ビット・コインによる支払いが日常レベルで（事実上）拒否されることが珍しくないのであれば、それは国内の通貨体制ひいては法体系への国民の信頼を揺るがす状況です。そのような事態は放置すべきでなく、問題の発端であるビット・コインの法定通貨化を撤回すべきである、と考えるのは日本のような国家に暮らす人間の発想で、国家と国民の間の信頼関係が異なれば、そもそも法体系への信頼低下を懸念しなくてもよいのかもしれません。

の存在となり得ます。裏付けとなる資産の保有量に応じてコインを発行するところは、金本位制時代に兌換紙幣（金との交換を保証された紙幣）を発行したのと似ていますが、根本的な違いがあります。それは、兌換紙幣を発行したのが中央銀行ないしはその指示を受けた民間銀行であったのに対し、ステーブルコインを発行するのは民間主体であって、本当に裏付けとなる資産を保有しているか否か、どういう形でどこに保有しているのか、といった点が必ずしも明らかでないことです。発行主体が倒産する可能性もあるでしょう。発行主体への信頼が失われれば、発行されているステーブルコインの価格が暴落することもあり得ます。その発行主体は健全でも、他の業者の失敗で業界全体から資金が流出してしまうことも考えられます。

そのようなリスクを考えると、国際的な取引に利用されるケースは今後増大していくにしても、それ自体が国際通貨やキー・カレンシーとなっていく必然性は小さいように思われます。ステーブルコインの背後にあるドル等の主要通貨は既にキー・カレンシーの地位を占めていますから、ステーブルコインをドルとは異なるキー・カレンシーとしてわざわざ定義する意味はありません。また、ステーブルコインを「基軸通貨」とするサイバー・コミュニティーが存在するにしても、それはデジタル化されたドル（あるいはユーロ、一次産品など）を中心にしているだけであって、実物資産のライバルとなるような資産に基づいているわけではありません。アルゴリズムなど、実物資産でない裏付けを有するステーブルコインでは話が異なるかもしれませんが、それは極めて限られたコミュニティーにとどまると見込まれます。

（3）中央銀行の発行するデジタル・カレンシー（CBDC）

ここ数年、１３０にも上る中央銀行がデジタル・カレンシー発行のための研究や実証実験を行っているそうです。少数のＣＢＤＣは既に発行されています。実物の紙幣を発行する立場にある中央銀行がデジタル・カレンシー発行を検討する目的は何でしょうか？

第一に、特に発展途上国では多くの国民が民間銀行サービスを受けられない（近くに支店がなくて口座が開けないなど）状況にあるので、国民全員に一定の金融サービスを提供するためにＩＴ技術を活用しようというものです。スマートフォンがあれば、ＣＢＤＣを個人の電子サイフに入れることで買い物や税金の支払いが便利になりますし、加えて生活保護費・失業手当などの社会保障給付金や新型コロナ時の一時金のような財政支出をＣＢＤＣで支給すれば、必要な個人に間違いなく、かつ即時に到達できるようになります。インドのように国民のほぼ１００％がオンラインの本人確認番号を登録していれば、ＣＢＤＣと組み合わせて行政事務を非常に効率化・簡素化することができます。[82]

第二に、決済システムの維持です。先進国の中央銀行は、銀行等の金融機関との間で決済システムを構築しており、金融機関の間の資金の移動などがオンラインで円滑に行われるようにしていますが、発展途上国ではこのようなシステムの迅速性や信頼性が必ずしも高くありません。送金手数料などのコストも高いでしょう。そのような状況で、巨大ＩＴ事業者が自らのプラットフォームで決済サービスを提供すると、一般の顧客の利便性は高まるかもしれませんが、公益に資する金融インフラを民間事業者に独占的に握られてしまうことにもなりかねません。そこで中央銀行自らがデジタル・カレンシーを発行し、その決済のプラットフォームを作って、個人や企業に決済サービスを直接あるいは間接的に提供することに意義を見出すというわけです。

第三に、国によってはブラック・エコノミーを撲滅させようとの意図があるかもしれません。通貨が電子化され、その移動が中央銀行の提供する決済プラットフォームで把握できるとすれば、犯罪者を資金面から締め上げる可能性があります。もっとも、全く適法な取引まで把握される可能性もありますので、プライバシー保護とのバランスは容易でないでしょう。

いずれにせよ、ＣＢＤＣ導入によって、個人や企業・金融機関の利便性が向上したり、新たな金融サービス（フィンテック）が生まれたりする可能性を視野に入れて、多くの中央銀行がＣＢＤＣの研究をしているところです。

では、ＣＢＤＣは国際通貨の伸張に影響するでしょうか？

デジタル・カレンシーですから、国境を越えた送金や両替がこれまでより効率的かつ安価に行える期待があります。例えば、海外で出稼ぎをする労働者が自国に残る家族に送金する場合、現在は現金を送金業者に持ち込むとかなりの手数料を取られてしまいますが、仮に給与をデジタル・カレンシーで受け取っていたら、自分のスマートフォンで簡単に家族の電子サイフに振り込むことができるでしょう。

しかし、貿易や投資などで多額の資金を動かす企業や金融機関について考えると、先述のスイフトのようにすでに巨大なオンライン決済システムが存在しており、主要な国際通貨はそのシステム上で効率的に取り引きされていますので、ＣＢＤＣによって大きな変革がもたらされるとは考えにくいのが実情です。

むしろ、これまでは国際通貨としての存在感が低かった通貨が、デジタル化によって決済の信頼性を高めて、国際的な利用を促進していくというシナリオの方が現実的です。その意味で、やはり人民元のデジタル化に注目が集まるのは自然なことです。

82　インドのシステムはアーダール（Aadhaar）と呼ばれ、本人の指紋と虹彩と顔写真を登録することで個人識別の番号を受け取ります。

中国人民銀行はデジタル人民元を積極的に推進し、2022年の北京オリンピックの機会も使って、実証実験を進めています。これまで2000万を超える個人口座と350万を超える法人口座が実験に参加したそうです。他方で、デジタル人民元のクロスボーダーの利用については、他の中央銀行の動向を見ながら慎重に進めています。その背景には、人民元のデジタル化を拙速に進めると、前章で触れたような、富裕層による国内から海外への資金流出につながってしまうとの警戒感があるのかもしれません。

CBDCはあくまでも既存の主権通貨を電子化して、使い勝手を良くしたものです。従って、元となる通貨の信頼性が高くなければ、デジタル化したことで急に信頼性が上がるというものではありません。利便性が向上して以前よりも国際的に利用されるようになったとしても、国際通貨、さらにはキー・カレンシーと認められるためには、そもそもの通貨自体の実力の向上が必要です。前章で述べたように、人民元はまだその水準に達していませんが、今後規制緩和が進み、あるいは圧倒的な貿易関係を通じて人民元の国際的利用が増大した場合、デジタル人民元の存在がそうした発展を後押しする可能性はあるでしょう。

デジタルの夢

イノベーションが進めば、今後デジタル・カレンシーを用いた思いもつかないような新サービスが次々と現われてくると予想できます。その中には、広く用いられるものもあるでしょう。

それで想起されるのが、2019年にフェイスブック（当時）が計画したリブラ（後にディエムと改称）です。これは主要通貨のバスケット（加重平均）で価値を裏付けされたステーブルコインとして設計され、それ自体に先進性は少なかったものの、数十億人にも上るフェイスブック利用者のコミュニティーがリブラの利用に移行した場合にかなり大きなインパクトを与えることが懸念されました。金融面では銀行を迂回した大量の取引が発生し、銀行の経営基盤が弱体化するのみならず、銀行による融資決定を通じた金融政策の実効性が低下する恐れ[83]が指摘されましたし、巨大な決済プラットフォームの誕生は競争政策上も問題視されました。さらに、マネー・ロンダリングなどの犯罪を助長するのではないかと議論され、

83　中央銀行が利上げをすると、銀行からの融資の利子も上昇するので、例えば設備投資や住宅ローンなどの借り手が減少して機械や住宅建設への需要が減退します。中央銀行の金融政策は、その経路で景気や物価上昇の減速を実現することを目指しています（利下げはその反対）。仮に多くの資金が銀行以外に滞留すると、銀行の利子と無関係にプラットフォーム上で貸し借りが行われることとなり、金融政策が効果を伝えるための経路が減ってしまいます。もちろん、プラットフォーム上の貸し借りは銀行規制の枠外ですから、金融システム全体の安全性にも影響してきます。

結局、フェイスブックが構想断念に追い込まれました。リブラの敗因は、それがステーブルコインであったために、その裏付けとなる通貨を発行する主権国家の意向を無視できなかったことにあります。

その点、ビット・コインのようにそもそも既存の通貨とは全く異なる仕組みでコミュニティーを作って国家の介入を防ぐ道もあるでしょうが、それは当然現実社会とは隔絶した世界となり、世界経済とのインターアクションは限定的でしょう。

広く用いられるデジタル・カレンシーは国家の影響力から逃れられず、ましてCBDCは主権通貨そのものです。他方、ユートピア的なサイバー世界のデジタル・カレンシーは、限定的なコミュニティーには歓迎されても、政治的意思を欠くために一般社会では信頼を得られず、キー・カレンシーとはなり得ないでしょう。

少なくとも暫くの間は、デジタル・カレンシーをテコにして国際経済・金融秩序を変革していく、というのは、電子的な夢にとどまるものと思われます。

第九章

――アクロイド殺し――

ドルを殺す者は誰か

これまで論じてきたように、現在の国際経済・金融秩序の中でドルは圧倒的な地位を占め続け、当面ドルの地位を脅かす存在は見当たりません。ドルに匹敵する力を持つかもしれないと予想されたユーロは、それなりに大きな国際通貨の地位を獲得したものの、内向きの政治的意思に基づいており、域内の意思統一が難しいこともあって、ドルに並ぶ実力を備えるには至っていません。アジアでの主導的地位に立つことを宣言した円は、その後の経済の低迷もあり、むしろ国際通貨としての地位を徐々に低下させています。人民元は自由化を巡るジレンマに立ちつくしています。その他、英ポンドやスイス・フランなど、ドルに続くキー・カレンシーはいくつかありますが、これまでのところドルの覇権に挑戦するだけの意思と実力を備えた通貨は存在せず、特に西側諸国では、むしろ現在のような状況を長期的に維持することを目的にしているように見えます。

過去を振り返ると、システムの心柱（「基軸通貨」）であった英ポンドもドルも、システムの崩壊とともにその地位を失っています。その原因は、通貨の価値に対する疑念が高まったことでした。

英ポンドの場合、大恐慌とそれに続く銀行危機の間に高まったイングランド銀行からの金の流出で、平価（為替レート）維持が不可能なのが如実に示されたことが直接の引き金でした。その後もキー・カレンシーとしてポンド圏の中で生き延びたものの、第二次世界大戦後、アメリカの要求に従って旧植民地の保有するポンドとドルの交換に応じたことを契機に、ポンド圏の中でもポンドの価値への信頼が失われていたことが明白となって、無残にも大幅な切下げを強いられたのでした。

ドルは、1オンス＝＄35で金と交換する約束が遵守できないのが1960年代後半から明らかになっていましたが、小手先の対応を繰り返す一方で、根本的な問題であるインフレや輸出競争力の低下に真剣に取り組まなかったため、他国から金との交換要求が続きました。アメリカは最終的にドルと金とのリンクを一方的に断ち切ってブレトン・ウッズ体制を崩壊させ、スミソニアン合意で為替レートの切下げを受け入れました。

こうしてみると、システムの中心であり、他の全ての通貨の価値の尺度の基準となっていた「基軸通貨」だからこそ、その固定された価値が守れない時にその地位を喪失し、同時にシステム自体も崩壊せざるを得なかったことが分かります。

しかし、現在はノン・システムであり、覇権通貨であるドルの価値も変動相場制下で自由に上下します。実際、ドルと主要通貨の関係を表わすドル指数で見ると、1980年のボトムから1985年のピークまでにドルの価値は倍増しましたが1987年までにまた半減し、あるいは2002年から2008年までの間にも4割下落しています。このように大きな変動が中心的通貨に発生したら、かつてのような固定相場制はとっくに崩壊していたでしょう。我々は、変動相場制は経常収支が赤字となりがちな発展途上国にマクロ経済上の安定を与える柔軟な仕組みである、と常々考えていますが、実は先進国を含めた現代の世界経済全体を支える縁の下の力持ちだったと言えます。当然、日本はじめ各国はそこから恩恵を受けてきました。

変動相場制のおかげで、ノン・システムの下、世界経済は曲がりなりにも円滑に機能するレジリエンス（抵抗力）を発揮してきました。その結果ドルは最大のキー・カレンシーとして覇権を維持し、人々は安心して慣性（inertia）を働かせてドルを使い続けてきています。ドルは国際経済・金融の発展を支え、ドルを使えば誰でも最先端の投資商品や金融技術にアクセスできます。

しかし、ドルが今後とも最大のキー・カレンシーとして使われ続けるか、というのは別な問題です。ドルへの信認が長期にわたって失われた時に、他の国際通貨が地位を高めることは十分にあり得ますし、ノン・システムの中ではそのような変化が特に摩擦なく飲み込まれていくことも考えられます。

では、どのような状況になると、人々はドルへの信頼を失い、他の通貨で代替しようと考え始めるでしょうか？

アメリカの行動のもたらす反作用

(1) 経済制裁

アメリカは既に「世界の警察官」ではない、と宣言していますが、それでも国際的な秩序を乱し公益に反する（とアメリカが考える）主体に対し、種々の経済制裁を行っています。制裁の対象には、キューバやイランのように、その国との取引が包括的に禁止される場合と、特定の個人や団体をリストに載せて、それらとの取引を禁じる場合とがあり、また制裁の種類にも大きく分けると貿易や投資の禁止と金融取引の禁止の二種があります。本来そうした禁止措置に従う義務のある者（アメリカの法律の効力の及ぶ者）はアメリカ人やアメリカ企業に限られるはずですが、問題となるのはドルを用いた取引です。というのも、例えば日本とイランの企業がドルを用いた取引をしたとすると、それぞれの企業が用いる地場の銀行はドルの決済部分についてアメリカの銀行（地場銀行がアメリカに設立した現地法人を含む）を経由することが普通なので、アメリカの銀行に制裁の効果が及ぶ以上、日本からイランへのドル送金は止まってしまうからです。つまり、制裁対象の国や企業・個人に対する送金は、米国内からはもちろん、米国以外からの送金でも、ドル建てでは事実上不可能になるわけです。

それに加えて、2022年のロシアによるウクライナ侵攻後には、更に強力な制裁が欧米やG7によって導入されました。

第一は、ロシアの中央銀行が保有する外貨準備の凍結です。通常外貨準備は、その通貨を発行した国の国債に投資されて、相手国の中央銀行に預けられています。ロシアが保有する外貨準備のうちドル部分の多くは、米国債の形で、ニューヨーク連銀に預けられていたはずです。その結果、ユーロ部分なども含め、ロシアの外貨準備のほぼ半分に当たる3000億ドルが凍結されました。ロシアにしてみれば突然外貨準備が事実上半減してしまったわけです。

第二に、国際的な決済システムであるスイフトからの、ロシアの商業銀行の排除です。本来スイフトは民間銀行が共同で運営する協同組合ですが、監督当局である政府からの要請を受けて、そのような決断をしたものと思われます。スイフトから排除されると、国際的な資金決済が複雑となり、貿易業務や金融業務に支障が生じます。

さらに、凍結された政府や中央銀行の資産を没収する検討も行われています。これはウクライナの復興資金の少なくとも一部は、侵攻の責任を負うロシアが負担すべきだとの考えですが、国際法上難しい課題があります。まず第一歩として、凍結している資産に発生した金利収入（例えばアメリカ国債へのアメリカ政府からの利払いの累積したもの）はロシアに帰属しない、との合意を形成し、その後に元本自体（アメリカ国債が償還された際に支払われる金額）の没収のやり方を検討することになるでしょう。

いずれにせよ、制裁を受ける側からすれば、ドルを使っていると、送金が止まったり、自国の資産が凍結・没収されたり、他国との経済取引が停滞したりする大きなリスクが存在します。制裁を受けるような行動をとらなければいいではないか、と言われればその通りですが、ロシアや中国、イラン等の国々が自国の国益に従った正当な行動と考えるものが、アメリカはじめ西側の価値基準では不当なものとして制裁対象になるのが、国際社会の現実です。

そこで、これら諸国はドル離れを目指し、相互の取引をドル以外で行ったり、外貨準備に占めるドルの比率を低下させたり、スイフトに代わる決済ネットワークを構築したりしているのです。こうした動きが今後ますます強まると、第三国によるドルの利用がある程度減少する可能性があります。

（2）米国内の政治対立

アメリカでは政治的な二極対立が相当な段階まで進んでいます。かつては左右対立と言えば、大きい政府か小さい政府か、という経済政策を巡る立場の違いだったのですが、最近は政治学者のフランシス・フクヤマが指摘するように、文化的なアイデンティティーを巡る価値観の対立となってしまっています。[84]中絶の権利を認めるか否か、人種やジェンダーの多様性をどう尊重するか、移民の扱いをどうすべきか、といった対立軸は、足して二で割るような政治的妥協にそぐわず、ゼロサムの議論となりがちです。

民主・共和両党の中に、自らの「信念」を貫徹することを優先する強硬派が存在し、かつ最近は両党の議席数が拮抗しているので、特に上下両院で多数党が異なるねじれ状態の時には、予算や法案の通過が極めて困難となります。

アメリカの予算制度は複雑です。日本のように政府が提出する予算案を議会が審議・採決するのではなく、アメリカでは大統領が提出する予算教書とは全く関係なく議会が予算を作ります。歳出は12本（かつては13本）の歳出予算法に分かれて審議されますが、ほぼ毎年、新年度が始まるまでに予算が通過することはなく、とりあえず前年と同レベルの歳出を行う権限だけ承認しておいて（予算継続決議）、新規予算の交渉を継続します。予算法も継続決議も通過しないまま新年度が始まった時や、年度中に継続決議が失効しても予算法が成立していない時には、政府閉鎖となります。1980年以降、10回の政府閉鎖が発生し、最長の閉鎖期間は2018〜19年にかけての34日間でした。[85]

それに加えて、連邦政府の債務上限は1917年以来法律で定められています。仮に歳出予算法が一定の財政赤字を容認していたとしても、その予算に従って国債発行をしたら発行残高が債務上限を上回ってしまう場合、国債発行は許されず予算の執行もできません。通常は、債務上限の引き上げは特に異論なく承認され、アメリカの財務省によると1960年以来2023年までに債務上限は78回変更されているそうです。しかしながら、最近では債務上限引き上げを「人質」にして野党が特定の政策や歳出を求めることが増えており、国債発行ができないために財務省が会計上のやりくりをして数か月間歳出を継続する例が繰り返されました。やりくりの手段が尽きた時には、それまでに発行した国債への元利払いができなくなるので、アメリカがデフォルト（債務不履行）を起こすことになります。[86] デフォルトの

84　フランシス・フクヤマ著、マチルデ・ファスティング編『「歴史の終わり」の後で』山田文訳　中央公論社　2022年

85　例えばオフィスの家賃や公務員の給与が払えない（払うための法的権限がない）という理由で、政府関係機関がオフィスを閉め、公務員は自宅待機になります。ただし、軍や航空管制官などは例外的に出勤を継続します。給与は、その後予算が通過した後で、さかのぼって支給されるのが通例です。

瀬戸際まで近づく状況を嫌って、２０１１年には株価が下落し、三大格付け機関の一社Ｓ＆Ｐが米国債の格付けを最上位のＡＡＡからＡＡ＋に引き下げました。これはアメリカにとって、史上初めての引下げでした。２０２３年にデフォルトが迫った際にはフィッチがやはりＡＡ＋へと引下げましたし、最後のムーディーズはＡＡＡ格付けは当面維持しつつも中期的には引き下げの可能性がある（ネガティブ・アウトルック）と発表しました。

　現在、法定の債務上限は２０２５年１月まで停止されています。すなわち、それまでの期間は国債発行に制約はなく、２０２４年11月の大統領選挙と連邦議会選挙の結果を踏まえて議会で取り扱いを審議することになります。仮に次の大統領選・議会選挙を通じて政治的な二極分化が激化した場合、債務上限に関する合意ができないまま、再度デフォルトの危機が近づくことになり、米国債や株式も下落するでしょう。

　しかし本当に恐ろしいのは、米国が実際にデフォルトしてしまうことです。米国債の市場は、最も流動性が高く効率の良い、世界最大の債券市場です。米国債は究極のリスク・フリー資産であり、その金利は様々な金融商品や取引の基準となっています。デフォルトになると、米国の株や債券は暴落し、金利は跳ね上がって、市場は大混乱に陥るでしょう。ムーディーズのレポートでは、デフォルトが４か月継続した場合、アメリカの実質ＧＤＰは４％低下し、６００万人が失業して、株価は３分の１下落すると試算しています。[87]アメリカのみならず世界経済が不況に陥るのは間違いありません。

米国内の政治対立が、そのように破滅的なシナリオへと世界を導いてしまう見込みが高まった時、海外の政府・企業・個人はなるべく悪影響を遮断しようとします。それはすなわち、ドル離れが進むということです。

(3) 米国の孤立主義

アメリカで伝統的に孤立主義が強かったのは、国民の多くを占めるヨーロッパからの移民が、旧大陸のパワー・ポリティクスに巻き込まれずに国づくりを進めたい、との意思を持っていたためだと思いますが、第二次世界大戦後はむしろ積極的に新しい国際秩序の構築とその維持に尽力してきました。しかしながら、このところ、特に軍事面で国際的な責務を軽減して国内に回帰したいとする動きが強まってきているように見えます。世論調査の結果は幅を見て解釈する必要がありますが、最近の調査では民主党・共和党どちらの支持者の間でも、

86 デフォルトを避けるため、税収をすべて元利払いに充てる案や、政府が巨額のプラチナ硬貨を発行してFRBに引き渡す案などが議論されることがありますが、米財務省は非現実的だとの立場をとっています。仮にこうした措置が採られたら、当然野党が差し止め訴訟を起こしますので、混乱が一層長期化するのみでしょう。

87 "Playing a Dangerous Game With the Debt Limit", Moody's Analytics, September 21, 2021.

孤立主義を支持する回答が第1位だったそうです。[88]
一方経済面では、国内産業を保護する一方で、海外からの輸入や投資を警戒する政策への支持が高まっています。貿易はアメリカ経済に好影響をもたらすとは理解しつつ、戦略的な産業では競合する輸入品に高関税をかけたり輸入を制限・禁止したりすることに過半数の支持があります。本来自由貿易主義者であるはずの共和党支持者の間では、7割以上の支持です。半導体の国内生産を政府が支援することには3分の2が賛成し、トランプ政権時代に導入された対中国の高率関税を維持することへの支持（45％）は引下げの支持（24％）のほぼ2倍です。[89]最近では、バイデン政権が中国製電気自動車に100％の高関税を課すことが発表されました。
また、海外からの直接投資についても、安全保障の観点からの審査対象が拡大され、審査体制も強化されています。こうした動きの背景に、経済合理性よりも戦略的ライバルへの経済的依存度を下げようとの戦略的な動機があるのは間違いありません。
ライバルの側からすると、一方的に投資を制約されたり高率関税をかけられたりするのは不愉快ですし、自国経済が不利益を被ります。現在は中国が主な対象となっていますが、1980～90年代は日本も貿易上のライバルとして、種々の制裁に脅かされた経験があります。EUもアメリカとの間では貿易対立を抱えています。つまり、潜在的にはどの国もアメリカの政策転換に翻弄される恐れがあるということです。

アメリカからしてみれば、自国の市場を使って成長している国に対して自国がどの様な措置を採ろうとアメリカの自由だ、ということかもしれません。確かに世界経済はアメリカの消費者が支えています。アメリカが貿易赤字を解消したら、世界経済の成長率は急低下するでしょう。しかし、各国がアメリカ市場を頼らなくなるということは、アメリカに輸出してドルを獲得しようとしなくなることを意味します。外国ではそれだけドルを使う機会が減り、海外投資家はドル建ての投資を減らしていくでしょう。

ドルの命運

第二次世界大戦以降、アメリカは軍事力と経済力で西側陣営を率いて冷戦に勝利し、他方でハリウッドやジーンズなどの文化とITのイノベーションで世界中を魅了しました。ドルは、ハード・パワーとソフト・パワー双方の象徴であり、世界中どこの国でもドルが通用す

88 Elaine Kamarck and Jordan Muchnick, "One year into the Ukraine war — What does the public think about American involvement in the world?", The Brookings Institution, February 23, 2023.

89 Phillip Meng, "Free Trade with Exceptions: Public Opinion and Industrial Policy", The Chicago Council on Global Affairs, January 25, 2023.

ると信じられていました。

しかし、アメリカ経済の地位が相対的に低下するとともに自国第一主義が力を増し、また国内で若い世代を中心に多様性が進むにつれ社会的保守派の逆襲が強まっているように見えます。それが国内での二極分化につながり、これからの選挙の度に一層先鋭化しそうな状況です。その結果、国内の政策決定過程が麻痺し、極端な場合には内戦にまで至るのではないかと恐れる声があるほどです。

そこまでいかなくとも、自国第一主義が強まると、1930年代のようなブロック経済化に近づく恐れが高まります。もし自由な投資や取引ができないのであれば、海外企業や投資家にとってドルを保有する意義は低下してしまうでしょう。むしろ、自国も友好国と一緒にブロックを形成して、その中でドル以外の通貨圏を形成しようとするかもしれません。それはアメリカ自身はもちろん、世界経済全体にとって悲劇的な展開です。

ドルの覇権が長期的に維持されるかどうかはわかりませんが、アメリカが偏狭な経済体制に移行し、さらに国内の混乱から米国債デフォルトの瀬戸際を繰り返す（さらには本当にデフォルトしてしまう）ような未来は、ドル覇権の基盤を掘り崩す最も確実な方策であると言えます。

もうお分かりだと思いますが、最も確実に「ドルを殺す者」は、アメリカ自身なのです。

第十章

——そして誰もいなくなった？——

国際通貨覇権の行方

英語で「一世代（one generation）」と言うと、概ね25年のことを示します。すなわち、我々は21世紀になってからほぼ一世代が経過したところにいます。

この一世代の間、世界経済・金融秩序には様々な変化がありました。

例えばアメリカは、国際金融危機（いわゆる「リーマン・ショック」）の震源地となって、2008年第3四半期から2009年の第2四半期の間に実質GDPが3・5％（年率換算）も減少しましたし、新型コロナ危機の際には2019年第4四半期から2020年第2四半期の間に9％（同上）と、さらに劇的な減少を記録しました。その後、今度は40年以上ぶりの高インフレに直面したのは周知のとおりです。

ユーロ圏は2010年にギリシャで発生した財政危機がアイルランド、スペイン、ポルトガル、イタリア等に伝播し、ユーロの空中分解が現実の可能性として取りざたされました。ユーロ危機は2012年にドラギECB総裁の「ユーロを守るためなら何でもやる（Whatever it takes）」発言で終息に向かいましたが、その後もEUそしてユーロ圏では、ロシアによるウクライナ侵攻や反移民の極右勢力の伸長など、内憂外患が続いています。

日本では、2011年の東日本大震災で甚大な人的・物的被害を受けたのち、1ドル＝75円台という前代未聞の円高に苦しみました。足下ではコーポレート・ガバナンス改革などで明るい光が見えてきた一方、能登半島地震で再度悲劇に見舞われました。一方、長期にわたって横ばいだった物価と賃金が、エネルギー価格の上昇と円安の影響でインフレへと転じたものの、国内需要が力強く伸びる状況には及んでいません。

イギリスでは2016年にEU離脱（ブレグジット）が国民投票で多数の支持を獲得し、数年にわたる困難な交渉の後2020年に離脱を実現させました。しかし2022年に財源の裏付けのない減税案がポンドの暴落と首相退陣を招き、またEU離脱が経済的に失敗だったとの認識が広まったことなどから、2024年の総選挙で政権交代が起こりました。

これら、あるいはそれ以外の大小の「危機」の頻発にもかかわらず、今のところ、キー・カレンシーとしてのドル・ユーロ・円・ポンドの地位が大きく損なわれてはいません。先述のように、ノン・システムの柔軟性が貢献していると思いますが、今後もこれまで同様の慣性が働くと見込んでもよいのでしょうか？　特に、覇権通貨であるドルの地位は不動なのでしょうか？

そこで本章では、もう一世代が過ぎた21世紀半ばの国際通貨秩序につき、大胆に予測してみたいと思います。

とはいえ、どのような未来を考えたらよいのでしょうか？　今後一世代の間に大戦争、大災害、大パンデミック、その他突然の大変動が起こる可能性はゼロではありませんし、そのような事態が発生したら国際通貨の状況も当然影響を受けるでしょう。思い起こせば、英ポンドとドルが「基軸通貨」の地位を失ったのは戦争の結果でした。イギリスは第一次・第二次の二度の世界大戦に勝利したものの破産して、国際金融システムを支える力を失いましたし、アメリカはベトナム戦争の泥沼で威信を低下させ、財政支出とインフレでドルへの信頼を揺るがしました。あるいは、現在の中国経済の停滞に新型コロナの影響を見て取ることもできますし、天災（特に地震）が日本経済に与える影響は当然無視できません。

ただ、筆者の乏しい想像力を棚に上げるようですが、突然世の中が大きく変わるような事態を予測するのは、ＳＦならともかく、本書の性格にそぐわないので、あくまでも一世代後の世界も現在の延長線上にあるとして考えます。これらのシナリオは、大くくりに方向性の違いを際立たせるのが目的ですので、事実関係の正確性を期すものではないですし、もちろん細部では様々なバリエーションがありえます。

以下では、まず覇権的な国際通貨の動向としてドルと人民元について議論し、その後に円の将来について考察したいと思います。

		中国	
		自由化進展	体制強化
アメリカ	議会機能維持	シナリオ1	シナリオ2
	議会機能喪失（デフォルト）	シナリオ3	シナリオ4

図10-1 アメリカと中国の動向の場合分け

ドルと人民元の未来

これまで述べてきたように、人民元が有力な国際通貨としての地位を確立する上では、資本規制の緩和をはじめとする政治・経済体制の自由化が起こるか否かがカギを握りますし、ドルが高い信認を維持するためにはアメリカ国内の二極対立が後退して議会がその機能を十全に果たすか否かが前提になります。そこで、マトリックスを作って、それぞれのシナリオを考えてみましょう（図10-1）。

シナリオ1

アメリカでは、種々の争点をめぐる意見の対立はあるものの、重要な案件では超党派の妥協が成立し、議会は政府閉鎖を避け、債務上限は必要に応じて引き上げられることで、経済運営は円滑に行われます。中国は、成長率を再度高めるため、自由化を通じて海外からの技術導入を進めるとともに民間企業の活動を後押しします。資本流出規制は緩和・撤廃され、ビジネス環境は国際的な慣行に従って中国全土で整備されます。グローバル化に伴う経済的利益を両国が認識して、安全保障面の対立は緩和され、通商問題、人権問題や気候変動問題で協力が進みます。

こうした状況の下では、ドルの優越的な地位に変更を求める必然性は生じません。ドルは最大のキー・カレンシーとして覇権的な地位を維持するでしょう。一方中国も、再度活発化したグローバル経済の恩恵を受け、世界貿易に占める地位をさらに高める結果、人民元建ての貿易・投資が増大していくはずです。海外の政府・中央銀行・企業などは人民元を用いた取引を増加させ、余資運用には中国内外で自由に人民元建ての資産を活用できることから、各国の外貨準備に占める人民元のシェアは高まり、キー・カレンシーとしての地位を確立するでしょう。

ドルの利便性が継続する以上、市場には慣性が働いて、ドルが人民元より優位にある関係は変わらないでしょうし、米中が協調関係にある中で中国当局は人民元をドルに代わる覇権通貨にする意図を持たないでしょうから、最重要のキー・カレンシーというドルの地位は揺るぎません。人民元の地位は、貿易をどのくらい人民元建てにできるかによって変わるでしょうが、ユーロを上回る第2位になる可能性は十分にあります。

キー・カレンシーの地位のイメージ〈シナリオ1〉

ドル：55%、人民元：20%、ユーロ：20%、その他：5%

シナリオ2

アメリカと中国とのライバル関係が激化し、アメリカ国内は共通の「敵」に対抗するため党派的対立が和らぎます。アメリカを中心に自由主義陣営が結束を強め、グローバル・サプライ・チェーンを再構築して、友好国との貿易を増加させます。

一方中国は、人権問題や周辺地域の領有問題などへのアメリカからの「介入」を拒否し、アメリカ的価値観による国際秩序に背を向けて、自らの主張に賛同する国々と共に構築したブロックを強化します。中国は貿易関係や一帯一路を含む経済援助で、特にサブサハラ・アフリカや中央アジアを中心にグローバル・サウスの一部の国々を味方につけるとともに、ロシアやイランといった志を同じくする地域大国との関係を深化させます。

二つのブロックの間の関係は完全に途絶することはなく、一定の交易や協力は継続するものの、モノ・人・資本・情報が自由に往来するというグローバル化の理想には遠く及ばず、双方が相互に強い警戒感を維持して緊張感のある競争関係にあり続けます。東南アジアやラテンアメリカには、どちらのブロックにも属さず行動の自由を確保しようとする国々が残りますが、アメリカの政治・経済上の求心力はそれほど衰えず、特にアメリカ主導のブロックに属する国々にはドル利用の継続を躊躇する理由がありません。

中国を中心とするブロックでは、アメリカからの経済制裁で資産が凍結・没収されることを警戒して、多くの国がドルの利用を低下させる一方で人民元とのペッグ（固定相場）を導入し、貿易や投融資によって人民元がブロック内に流通します。ブロック内では中国が圧倒的な経済的地位を占めるため、上海や香港がブロック内の金融仲介の中心となりますが、自由な市場活動を通じた資金の流れというよりは、当局の意図と優先順位に沿った資金配分が主体となるでしょう。そのため、ブロック内の各国にある国営企業や政府に近い大企業が、優先的に人民元を用いた取引を行います。ブロック内の経常収支赤字国に人民元を供給するため、中央銀行間のスワップ取極めをステップ・アップした国際機関が中国主導で設立されます。ＩＭＦはその頃には中国が第２位の出資国となっているにもかかわらず、中国を中心とした閉鎖的な国際通貨秩序には批判的な態度をとるでしょう。人民元は限られたブロック内の「基軸通貨」となります。

キー・カレンシーの地位のイメージ〈シナリオ2〉
ドル：65％、人民元：10％、ユーロ：20％、その他：5％

シナリオ3

アメリカでは国内の二極対立がますます先鋭化し、大統領選挙のたびに国政が麻痺状態に陥ります。連邦議会では民主・共和両党の議席数が拮抗してねじれ状態が頻発し、極論を主張する少数派の意見を取り入れないとどちらの党も一致した投票行動ができないので、事実上両党は極論が支配するようになります。国民受けする政策を競い合うため、歳出増と減税が繰り返され、財政赤字は膨張を続けます。長期にわたる政府閉鎖は珍しくなく、債務上限法案が通過しなかったためにデフォルトも発生しましたが、その後は議会が債務上限の効力停止を繰り返します。

自国第一主義と孤立主義が強まり、アメリカはNATO、日米、米韓などの安全保障体制から脱退するか、あるいは関与を大幅に低減します。貿易赤字解消を謳って関税引上げなどの輸入削減措置を導入するものの、国内消費を充足するだけの国内生産基盤がないため貿易赤字が継続し、他方で輸入品の価格上昇で国民の購買力が下がるので経済成長率が鈍化します。赤字継続はさらなる貿易障壁構築へと政府・議会を駆り立て、貿易摩擦の矛先はまず中国に向かいますが、それにとどまらずに自由主義陣営内のEUや日本に向かい、さらには自由貿易協定の域内国であるカナダとメキシコにも向かいます。友好国であっても対米貿易黒字国は為替の大幅な切上げを求められ、それに応じないと懲罰的な高関税や輸入数量規制の対象となります。

各国はアメリカの一方的な行動に不満を述べますが、特に中国はイデオロギーを離れて、世界経済発展のため団結するよう訴えることで、自由主義陣営を含む多くの国から賞賛を得ることに成功します。その過程で中国は自国市場を開放し、資本規制を撤廃します。国内では国有企業優遇措置を廃止し、地方政府の独自財源を強化して不動産開発に頼らない健全な地方財政を確立します。政府は高い透明性を標榜し、国際的な批判を受け入れて国内人権問題を改善するとともに、周辺国との領有問題も無期限に棚上げします。

中国の自由化は各国から歓迎され、人民元建ての貿易や投融資は爆発的に増加します。しかしアメリカでは、中国が地位を高める状況を作り出したのは誰だ、との批判の応酬が党派対立の追加材料となるだけでした。

デフォルト後はドル建ての資産が暴落し、ドルの金利は高止まりしました。各国の政府・

企業・投資家は自己防衛のため、ユーロや人民元の利用を優先させていきます。

キー・カレンシーの地位のイメージ〈シナリオ3〉
ドル：30％、人民元：30％、ユーロ：30％、その他：10％

シナリオ4

アメリカ国内の政治対立が決定的に悪化する中で、双方が中国への批判や制裁措置を競うようになり、中国はそれへの対抗としてアメリカ企業の中国への投資を制限し、レア・メタルなどの戦略物資の対米禁輸を行います。また、アメリカは技術移転の防止を口実に中国人留学生や研究者・ビジネス従事者へのビザ支給を絞りますが、中国側も対抗措置を採るため、結局モノ・資金・ヒトの移動は低調になります。

中国はアメリカからの批判や制裁に対する防御として体制の強化を図り、国内の統制を強化して、自由化の動きを弾圧します。インターネットの検閲に加え、デジタル人民元や民間プラットフォーム上での購買履歴等を駆使して、潜在的な国内不満分子の行動を監視します。

安全保障を高めるために軍事の強化に努め、他方でロシア・北朝鮮・イランやその他の友好国との間で経済関係を強化します。

アメリカは議会の機能不全によってデフォルトを発生させますので、他国の政府・企業・投資家にとってドルは安全資産ではなくなってしまいますが、一方で中国は金融や経済への党のコントロールを強めて、資本規制をむしろ厳格化するので、人民元も有効な選択肢とはなりません。国際的な取引は、その場その場で適当な通貨で行われるようになり、取引コストが上昇します。人民元は友好国との間では「基軸通貨」となります。

キー・カレンシーの地位のイメージ〈シナリオ4〉

ドル：30％、人民元：10％、ユーロ：30％、その他：30％

ここでは米中関係を軸にして四つのシナリオを提示してみましたが、それぞれの実現可能性はどのくらいあるでしょうか？

残念ながら、現在の政治状況を前提にすると、アメリカの国内対立が緩和する見込みも、中国が国内を自由化し対外的に融和的になる見込みも、どちらもそれほど高いとは言えません。他方で、希望的観測を含めて言えば、米中ともに徹底的に相手を追い詰めることのリスクは認識しているのではないでしょうか。

そうしたことを前提に、あくまで根拠のない直観ですが、各シナリオの確率を以下のように予想します。

シナリオ1：15％
シナリオ2：40％
シナリオ3：10％
シナリオ4：35％

これはまず第一に、アメリカがこれまでのようなオープンな態度を採るか（シナリオ1、2）、それとも偏狭な自国優先主義を採るか（シナリオ3、4）は、ほぼ同じ確率で起こり得る、との見方を示しています。ただし、良識ある社会の伝統が存続するとの期待を込めて、前者の確率の方が若干高くなっています。

第二に、中国においては、党主導で社会・経済を統制していく方向性に当面大きな変化はないだろうと見ています（シナリオ2、4）。我々が考える一世代後のタイミングは、丁度中華人民共和国の成立から100年の節目の年（2049年）を含みますが、中国共産党はそれまでに「世界トップレベルの強国になること」と、「中華民族の偉大な復興を実現すること」を目標に掲げています。それには自由化や構造改革で起業家精神（アニマル・スピリット）を解放して経済の成長力を強化する必要がある、というのは日本や欧米の自由主義的な発想で、おそらく中国共産党は統制を強めることが目標実現の前提だと考えるものと思われます。それは、高い確率で、人民元のキー・カレンシーとしての地位がそれほど上昇することはないだろう、との見方をもたらします。むしろ、自国の周りに友好国を集めて、そのブロックの中で人民元を「基軸通貨」化していく方向に向かうのではないでしょうか。

なお、四つのシナリオすべてにおいて、ユーロが一定の存在感を維持するだろうと見込んでいます。特に、ドルが信認を失う場合（シナリオ3、4）には、それに呼応してユーロの存在感は高まるでしょう。ただし、ヨーロッパの内憂外患を考えると、ユーロがプレゼンスを維持するのはドルや人民元を使わない消去法の結果という側面が大きいと考えます。それ以外の国際通貨では、英ポンド、円、スイス・フランなどに加え、韓国のウォン、インドのルピー、南アフリカのランドなどの利用が高まるでしょうが、一世代の間にドル・ユーロ・

人民元のレベルまで達するのは難しいのではないでしょうか。

上記の予想に関して、さらに何点か補足して論じておきます。

（1）覇権通貨国の権威

現在はドルが覇権通貨ですが、その地位を確実にしているのがＦＲＢによるスワップ取極めです。中央銀行間のスワップ取極めは、先述の通り多くの国の間で結ばれていますが、現在もっとも利用されているドルを無尽蔵に供給できるのはアメリカの中央銀行であるＦＲＢだけですので、ＦＲＢとの間のスワップ取極めは一段と重要性が高いのは当然です。

危機が発生（あるいは伝播）した国では、短期金融市場でドルの調達が困難になることが多々あります。ドル債務の返済に行き詰まった銀行などを、その国の中央銀行が外貨準備を使って支援することがありますが、外貨準備は有限なので支援が続かずに結局銀行が倒れて、国内金融危機が悪化するというのが典型的な事例です。

そこで、２００８年の国際金融危機（「リーマン・ショック」）の前後に、ＦＲＢは先進国の一〇の中央銀行及び新興市場国の四つの中央銀行との間で取極めを締結しました[90]。その後、カナダ、英国、日本、ＥＣＢ、及びスイスの中央銀行との間のスワップ取極めは常設化されました。

スワップは双方の通貨を交換するものですから、ＦＲＢにしてみれば相手国通貨を担保に取っていることになります。しかし、特に相手が新興市場国の中央銀行の場合、渡したドルを期日に返済してくれるか否かには不確実性が残りますし、といって担保である相手国通貨の市場価値はスワップ期間中に下落しているかもしれません。この問題に直面したＦＲＢは、もし相手国がドルを期日に返済してこないにもかかわらず担保価値が不十分な場合、その国がニュー・ヨーク連銀に預けているドル建て資産を回収して債務返済に代えることができる、との理解に立って取極めを結びました。[91] つまり、相手国が債務不履行の場合、相手国のドル建て外貨準備の一部を没収するのと同義です。

国際法の議論とは離れて、現実問題として、覇権通貨を持つ国にはこれだけの権威と他国から預かった資産があるわけです。スワップの場合は契約不履行ですから、没収はある程度やむを得ないとしても、ロシアの例に見られるように、アメリカが一方的に制裁を科して他国の外貨準備等を凍結することも考えられます。それは批判も招くでしょうが、アメリカがそのような行動に出るには正当な理由があるはずだ、と理解する声も当然上がるでしょう。なぜなら、アメリカが先述の「大国」として、（良くも悪くも）戦後80年間にわたって築いてきた（それなりに）公平な覇権体制に、多くの人が信頼を置いているからです。

仮に今後中国が自由化を進め、人民元の国際的な利用が進んで（シナリオ1、3）、ドル同様の覇権通貨の役割を果たすに至れば、各国が人民元建ての外貨準備を保有した上で人民銀行に預け、場合によっては没収されてもやむを得ない、という認識を一般化させる必要がありますが、このハードルは相当高いものと思われます。人々がアメリカに対して現在感じるような信頼を、中国が今後一世代で獲得するのは、仮に自由化・民主化を今日から始めたとしても困難ではないでしょうか。

(2) 覇権通貨の並立

キー・カレンシーを発行する国は、国際経済・金融の面で重要な役割を果たしているのが通常です。そのため、その国と深い経済関係にある国では、その通貨に対する為替レートの変動が過度になりすぎないように留意して政策運営を行います。例えば、ユーロ圏への貿易依存度の高い国では、対ユーロでの為替レートの安定を通じて不確実性を低下させようとす

90　ECB、スイス、日本、英国、カナダ、オーストラリア、スウェーデン、ノルウェー、デンマーク、ニュージーランド、及びブラジル、メキシコ、韓国、シンガポール。

91　Katherine Clark Harris, "Transcript of the Federal Open Market Committee Meeting on October 28-29, 2008."

るでしょう。そのように非常に緩い意味での通貨圏が成立していると、（上述の例に従えば）ある国の対ユーロの為替レートの変動幅は、対ドルや対円での変動幅よりも小さくなるでしょう。

ところが、貿易関係が特定の国・地域一辺倒ではなく、アメリカ、欧州、中国、日本その他と等しく一定の関係がある国は少なくありません。そのような国にとって、関係の深いすべての主要通貨との為替レートの安定をその国が自らの努力で実現することは、主要通貨間の為替レートが自由に動く環境では極めて困難です。つまりターゲットとするキー・カレンシーはなるべく一つが望ましいのです。

一方キンドルバーガーは、資金は一か所に集めた方が効率的かつ低コストで資金需要を満たすことができるという観点と、危機の解決の際には最後の貸し手となる強いリーダーとそれに従う従順な仲間の組み合わせが最適だという観点から、キー・カレンシーは一つが望ましいと論じています[92]。複数のキー・カレンシーが並立すると、より健全な通貨が退蔵されるグレシャムの法則が働くとも予言しています。

こうしたことを考えると、ドルの地位が低下し他の通貨と横並びとなる場合（シナリオ3、4）、その後の国際経済・金融秩序は不安定性が高まるでしょう。それは主要通貨間の変動が他の国々の景気循環を増幅させたり、収益機会を狙う市場の投資資金が急速に通貨間で移動したりするためです。加えて、アメリカが自国優先であり中国が自らのブロックを優先すると想定すると（シナリオ4）、危機の予防や収束に向けた国際協力が十分に行われない可能性が高まります。覇権通貨が消えたことで、1930年代のように経済・政治が大きく揺れ動いてしまうでしょう。

（3）アメリカの財政問題の影響

米国債は究極のリスク・フリー資産なので、アメリカが格下げとなるとその影響は甚大であると先述しました。それは、昨今の世界で不確実性が高まっている結果、リスク・フリー資産に対する需要が高いことの反映でもあります。誰でも受け取ってくれるドルを保有しておくことは危機の際の保険になるからです。

米国債への高い需要は、ドルが最大のキー・カレンシーであり続けている大きな要因ですが、米国債の発行残高があまりに多額となると、市場参加者の間に米国債の償還可能性への疑念が生じて、むしろドル離れが起こると予想する論者もいます。[93] かつてドルの供給量が増

92 Charles Kindleberger, "Key Currencies and Financial Centres", *Reflections on a Troubled World Economy*, Palgrave Macmillan, 1983.

えすぎるとドルと金との交換の約束の信頼性が落ちると指摘したトリフィン・パラドックス（第三章）の現代版です。

現時点ではアメリカ経済の潜在成長力への疑念は表面化していませんし、FRBへの信認が維持されているためインフレによる米国債の実質的な価値毀損の恐れが一般化しているわけではありません。しかしながら、最近の米国債の増加ペースが将来にわたって継続した場合、米国議会が機能し続けて米国債の格下げが起こらなかったとしても、米国債発行残高のGDP比が発散して、維持可能性についての懸念が広まる可能性は確かにあります。その場合、国際経済・金融秩序が不安定化する中で、ドルは下落し、アメリカは財政・金融引締めを余儀なくされるでしょう。そのような事態を避けるため、アメリカ議会は、財政節度にも目を配ることが期待されます。

（4）覇権通貨のコスト

覇権通貨であることにはメリットがある一方、その責任を負う上でのコストもあります。一般的には、海外の国・企業・投資家等がドル建て資産を喜んで保有してくれるため、ドルの金利は（ドルがキー・カレンシーでなかった場合に比べ）相対的に低いレベルになっていると言われています。これは明らかにメリットですが、他方で2000年代半ばの住宅バブルの要因となったとも評価されています。また、海外から流入するドルは、貿易など他の目的に使うまでの間短期的にドル資産に投資されていることが多いのですが、アメリカの金融機関や投資家は、その資金を元手に海外で長期投資を行うことができます。短期で借りて長期で貸す、という銀行と同じような行動です。その結果、アメリカに流入する資金のリターン（収益）よりも、アメリカが海外投資で稼ぐリターンの方が高いのが普通ですが、銀行同様に「期間のミスマッチ」のリスク（負債である短期資金が流出しても、資産である長期資金をすぐに回収できない）を負っています。

ＦＲＢによる金融政策は、当然アメリカ経済を念頭に置いて遂行されていますが、アメリカの金融政策はドルの覇権的な地位を通じて他国にも影響を与え（スピルオーバー）、それがまたアメリカ経済に波及してきます（スピルバック）。例えばアメリカが金融を引き締めると、他国で対米輸出の減少から景気が後退し、その結果アメリカから他国への輸出も減ってアメリカの成長率が一層減速する、といった関係です。最近では、ＦＲＢもこうしたサイクルを暗黙のうちにある程度考慮に入れた上で、金融政策を遂行していると言われており、

93 Emmanuel Farhi, Pierre-Olivier Gourinchasand and Hélène Rey, *Reforming the International Monetary System*, Centre for Economic Policy Research, 2011.

それも覇権通貨のコストと言えるでしょう。また、海外からドルに資金が流入することで、ドルの為替レートは本来の水準よりも一貫して高くなり、輸出競争力を低下させている可能性があります。危機時にスワップ取極めを発動してドルを世界的に供給することや、上述の節度ある財政運営の要請も、コストに含められます。

これまで繰り返し述べてきたように、キー・カレンシーはもちろん覇権通貨となるためには、コストも含めて引き受けるとの政治的な表明が不可欠だと考えますし、実際に引き受けるだけの政治的・経済的な能力があると他国から信頼される必要があります。現在、ユーロ、円、英ポンド等にはそのような政治的意思と能力が一定程度あると認識されていると思いますが、一世代後にも意思と能力が備わっているでしょうか？　まして人民元がコストと責任を引き受けるような体制を、本当に中国当局が今後構築して国際的信頼を得ることができるでしょうか？

ドルの覇権的な地位が継続して、アメリカがコストのほとんどを引き受ける体制は、他の通貨にとって極めて居心地の良いものです。まさに慣性が働いています。それが破れた時、すなわちアメリカの政治が麻痺した時（シナリオ3、4）、国際通貨秩序の混乱は不可避なのです。

円の将来

円の現状は、小さな国際通貨、マイナーなキー・カレンシーです。この現状認識に立って、我々は一世代後の円をどのような存在にしたいと考え、そのためには何をすべきでしょうか？

第一の考えは、ドルに並ぶような有力なキー・カレンシーを目指し、アメリカが機能不全に陥ってドルの信認が落ちるような場合には、円がドルに代わって自由主義陣営をリードすべきだ、というものです。

しかし、そのためには経済規模、貿易量、資金の流出入額などを数倍に拡大させるような変化が前提になりますので、政治的スローガンとしてはともかく、実現可能性はありません。日本経済がピークの位置にあった1980年代後半でも、円の国際化の目的はドルの補完であり、ドルの代替は夢物語の領域でした。残念ながら、今の日本には、さらに遠い夢になってしまっています。

第二は、2000年前後に円の国際化の目的として打ち出された、アジアの代表としての円という考え方です。

アジア地域は今後も経済成長のエンジンであり続けるでしょうから、日本がアジアに軸足を置いた経済運営を行うのは理にかなっています。他方で、一世代前とは異なり、アジアの諸国は自らのパフォーマンスに自信を深めていますので、日本がリーダーを自任すればそのまま受け入れてくれると思うのは楽観的に過ぎます。日本経済の相対的な地位が低下しているので、日本からアジア地域への公的支援や民間投資が持つ意味は相対的に小さくなっています。政治的にも、中国はもちろんのこと、韓国、ＡＳＥＡＮ、オーストラリアやニュージーランド、そしてちょっと地理的には離れているもののインドなど、多くの有力な国々がそれぞれの国益に従って対等に向き合っています。日本がアジアの発展に引き続き貢献するのは当然ですが、それによって自動的に円がアジア域内で特別な地位を得るわけではありません。

円がアジアで重視されるようになるためには、日本自身の努力が必要です。東京金融市場の使い勝手の向上は大前提ですが、域内からの一定数の移民・難民の受入れのように政治的に困難な措置も必要かもしれません。そうした地道な努力の結果、一世代後に円がアジアで最も重要な通貨と評価されているなら、それは素晴らしいことです。

第三は、日本はアジアを重視しつつも、グローバルなプレーヤーであり続けなければならず、円の国際通貨としての存立基盤はアジアだけでなく世界に求めるべきだ、という考えです。

具体的には、まず経済の潜在成長力を高めて収益機会を増強した上で、グローバルな問題に積極的に関与し、解決策の提案を行うことでしょう。東京市場をグリーン・ファイナンスのハブとするアイディアは先述しましたが、それ以外にも平和構築の問題、テクノロジーの問題、経済格差の問題、高齢化の問題等々で、知的貢献に加えて、世界最大の債権国として何らかの経済的貢献をしていくことが、日本という国の価値と魅力を高め、円のプレゼンスの向上にもつながるでしょう。その過程で、仮にアメリカが混乱しドルの地位が低下した場合には、小さいなりにも健全な国際通貨として役割を果たすことが日本の責務ではないでしょうか。

通貨は国内経済を映す鏡

一世代後も円がキー・カレンシーとして存続するためには、もちろん日本経済が健全に発展することが大前提ですし、円の価値が安定していることが重要です。そうでなければ、円への信認を維持することはできません。ところが、主要な国際通貨について貿易相手国のシェアを考慮に入れた実質実効為替レートを見ると、円の変動が際立っています（図10-2）。期間中の標準偏差（変動のばらつきの幅）は、ドルが10・0、マルク・ユーロが6・2、英ポンドが12・1なのに対して、円は22・0もあります。1970年代～1990年代の日米貿易摩擦の時代にアメリカが陰に陽に円高を繰り返し求めたこと、そして2011年の東日

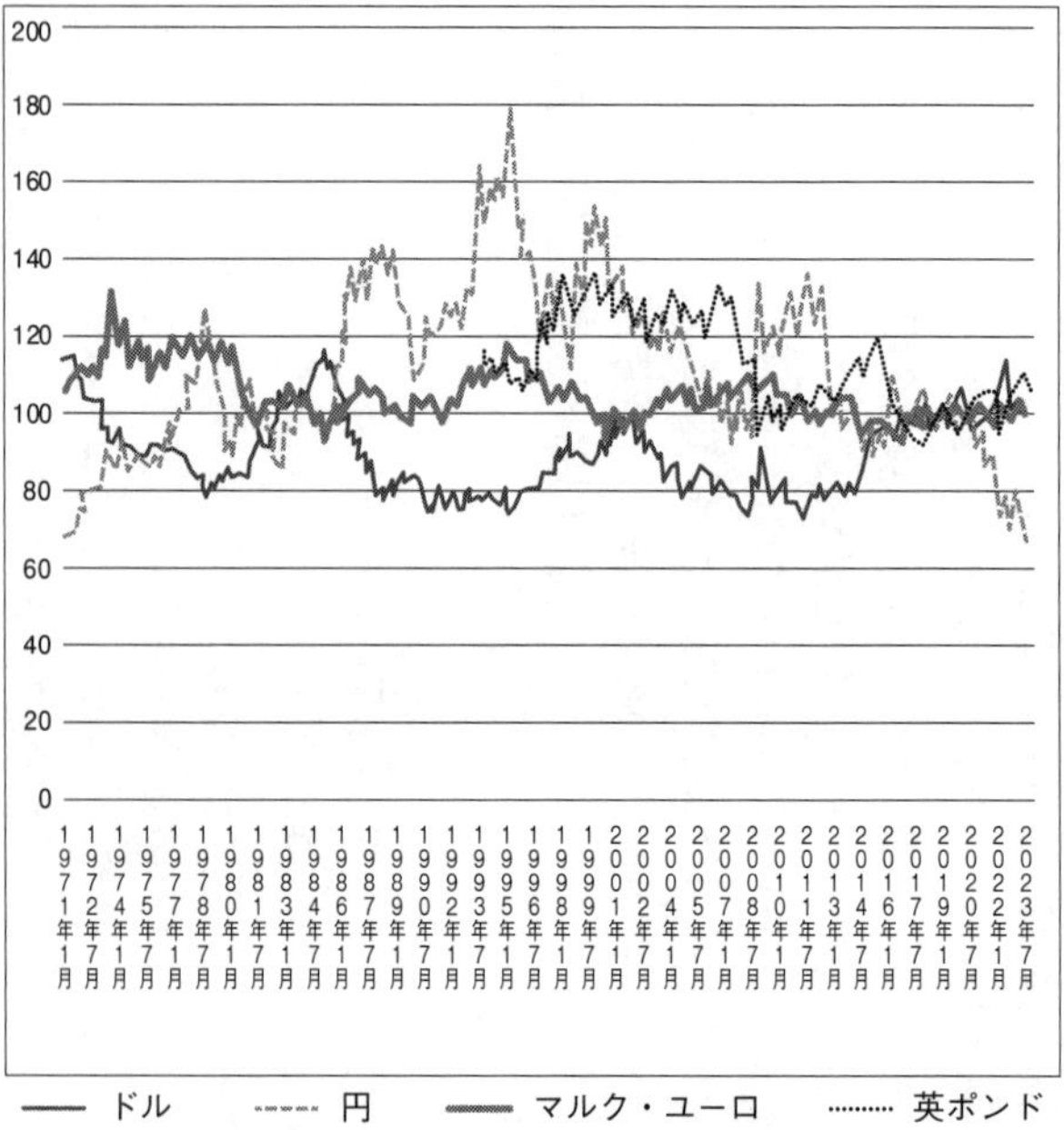

図 10-2　キー・カレンシーの実質実効為替レート（2020年＝100）（出典：BIS）

本大震災の際には日本企業が対外資産を処分して国内に資金を還流させるのではないかとの見方が広まったことなどから、これまで円高バイアスが強かったことがその背景にありますが、最近ではむしろ、潜在成長率の低下などから円安バイアスが強くなっているように見えます。

つまるところ、通貨は国内経済を映す鏡です。為替レートは長期的には経済のファンダメンタルズを反映する、というのはまさにそのことを言い換えたにすぎません。他方で、国際通貨として一国の通貨が国外で使われるのですから、通貨を発行する国の政治的な態度がその通貨の人気を左右するのも厳然たる事実です。

これまで曲がりなりにも国際政治の安定要因であったアメリカが、かなりの確率で秩序の自壊要因となるかもしれないという事態に、日本を含め各国は直面しています。アメリカ主導の秩序に挑戦する中国なども、世界の政治・経済の新しいデザインを生み出す求心力は持っていません。「誰もいなくなった世界」ではなく、「誰かが踏みとどまる世界」を作るため、日本は多くの国々と経済関係を深めていく必要があります。そのプロセスが、国内の政治・経済体制の一層の強化を求めていることは言うまでもありません。

おわりに
未知との遭遇

世界はどこへ向かうのか

本書はドルの歴史を辿りながら、ドルの覇権を揺るがすものがあればそれは何か、という問いへの筆者なりの考えを提示したものです。その過程で、「基軸通貨」と「キー・カレンシー」、あるいは「国際通貨システム」と「ノン・システム」といった概念を用いて議論を展開しました。これらの用語の使い方は、必ずしも一般的に受け入れられている定義と同一ではないのですが、それらが意味するところは明らかだと思います。

ドルがいわゆる「基軸通貨」の地位を失うとの議論は、これまで何度も繰り返されてきました。しかし実際には、現在に至るまでドル覇権は揺らいでいません。作家のマーク・トゥェインは新聞記者から「あなたの死亡説があるが」と尋ねられて、「私の死を報じるのはかなり誇張されている」と答えたそうですが、ドルの「死亡説」もかなり誇張されていると言えるでしょう。

しかし英ポンドの例を見ても分かるように、ドルは不死身ではなく、何らかの原因で覇権を失うことはあり得ます。本書は、どのような場合にドルは「殺される」のか、ドルに代わって覇権を握る「候補者」は誰か、といった問いへの筆者なりの回答を提示しています。詳しくは本文をお読みいただきたいのですが、筆者は今世紀半ばまでにドルという現行の「ボス」が次の「新ボス」に取って代わられる可能性は高くなく、むしろドルがボスでなくなった後に「誰もいなくなった」世界を恐れています。

ここ数年だけみても、新型コロナ危機、ウクライナ戦争、ガザ侵攻、スーダンの人道危機等々、世界はますます激動しています。加えて２０２４年には重要な選挙が多くの国で行われ、世界史の方向を示す磁針が小刻みに揺れているような感覚を覚えます。そうした中、国際金融・通貨秩序の未来について、拙い論考を出版する機会を得たことは、この上ない喜びです。

まだ小学生でしたが、筆者は１９７１年のニクソン・ショックで新聞やテレビが大騒ぎしているのを眺め、「何が問題なんだろう？」と理解できなかったことを覚えています。その後大蔵省・財務省、ＢＩＳ、ＩＭＦなどでの職歴を含め、ほぼ40年間にわたり通貨問題や金融危機に向き合って、少しは問題の理解が進んだかな、と願っています。とは言え、国際金融・通貨秩序を巡る諸問題は、世界中の専門家が結論を求めて日々探求を続けている「継続案件」であり、拙著はその氷山の一角を筆者なりにお示ししたにすぎません。あくまでも通貨をテーマにしたエンターテインメントとしてお楽しみいただければ幸いですし、もしこれを契機に本格的に学びたいという方がおられたら本望です。

出版に当たっては、早川書房の早川淳さん、一ノ瀬翔太さんに大変お世話になりました。本書が読者のみなさんが読むに堪えるレベルにあるとすれば、それはすべて、お二人の激励と的確なコメントのおかげです。

最後に、二冊目の著書執筆という無謀な試みに理解を示し、心から応援してくれた妻と二人の娘に感謝して、筆を擱くことにします。

2024年6月　東京都内にて

主要参考文献

すでに各章の文中や脚注で引用したものも含め、主な参考文献を列記します。

アーサー・ヌスバウム『ドルの歴史』浜崎敬治訳　法政大学出版局　1967年
牧野純夫『ドルの歴史』日本放送出版協会　1965年
片山貞雄『ドルの歴史的研究：生誕より連邦準備制度まで』ミネルヴァ書房　1967年
塩谷安夫『アメリカ・ドルの歴史』学文社　1975年
ポール・ケネディ『大国の興亡：1500年から2000年までの経済の変遷と軍事闘争』鈴木主税訳　草思社　1988年
西倉高明『基軸通貨ドルの形成』勁草書房　1998年
小川英治編『グローバリゼーションと基軸通貨：ドルへの挑戦』東京大学出版会　2019年
リチャード・N・ガードナー『国際通貨体制成立史：英米の抗争と協力』村野孝・加瀬正一

訳　東洋経済新報社　１９７３年
デイヴィッド・マーシュ『ユーロ：統一通貨誕生への道のり、その歴史的・政治的背景と展望』田村勝省訳　一灯舎　２０１１年
「円の国際化について」外国為替等審議会答申　１９８５年3月
「21世紀に向けた円の国際化」外国為替等審議会答申　１９９９年4月
中曽宏、橋本政彦「国際通貨としての円」『フィナンシャル・レビュー　令和5年第3号』財務省財務総合政策研究所　２０２３年６月
露口洋介「資本取引自由化の最近の動向」『Science Portal China』２０２１年12月27日
柯隆、福本智之、孟渤「中国人民元国際化・デジタル化の示唆」東京財団政策研究所　２０２３年5月
関根栄一「中国の人民元国際化戦略とデジタル人民元との関係・展望」『フィナンシャル・レビュー　令和5年第3号』財務省財務総合政策研究所　２０２３年6月
Wesley C. Mitchel, "The Value of the 'Greenbacks' During the Civil War", *Journal of Political Economy* Vol. 6, No. 2, 1898.
Owen F. Humpage, "Paper Money and Inflation in Colonial America", Federal Reserve Bank of Cleveland, 2015.

Menzie Chinn and Jeffrey Frankel, "Will the Euro Eventually Surpass the Dollar as Leading International Reserve Currency?", Working Paper 11510, National Bureau of Economic Research.

Yanis Varoufakis, "The Two Faces of the Euro", Project Syndicate, January 19th 2024.

"The International Role of the Euro", The European Central Bank, June 2023.

"2022 RMB Internationalization Report（２０２２年人民元国際化報告）",The People's Bank of China（中国人民銀行）.

"Progress Check on RMB Internationalization", Goldman Sachs, July 2023.

Moody's Analytics, "Playing a Dangerous Game With the Debt Limit", September 21, 2021.

Katherine Clark Harris, "Transcript of the Federal Open Market Committee Meeting on October 28-29, 2008".

Charles Kindleberger, "Key Currencies and Financial Centres", *Reflections on a Troubled World Economy*, Springer, 1983.

Emmanuel Farhi, Pierre-Olivier Gourinchasand and Hélène Rey, *Reforming the International Monetary System,* Centre for Economic Policy Research, 2011.

著者略歴

1962年東京都生まれ。1984年東京大学法学部卒業。1988年英オックスフォード大学にて国際関係論修士号（M.Phil）取得。1984年大蔵省（現・財務省）入省。主計官、国際機構課長、副財務官など歴任。ロンドン、バーゼル、ワシントンなどで、BIS、IMF等の国際機関に通算17年間勤務。2016年より東京大学大学院（総合文化研究科）客員教授。現在、三井住友信託銀行顧問。他の著書に『教養としての金融危機』がある。

ハヤカワ新書 032

強《つよ》い通貨《つうか》、弱《よわ》い通貨《つうか》

二〇二四年八月二十日　初版印刷
二〇二四年八月二十五日　初版発行

著者　宮崎《みやざき》成人《まさと》
発行者　早川　浩
印刷所　中央精版印刷株式会社
製本所　中央精版印刷株式会社
発行所　株式会社　早川書房
東京都千代田区神田多町二ノ二
電話　〇三‐三二五二‐三一一一
振替　〇〇一六〇‐三‐四七七九九
https://www.hayakawa-online.co.jp

ISBN978-4-15-340032-0 C0233

Printed and bound in Japan

定価はカバーに表示してあります
乱丁・落丁本は小社制作部宛お送り下さい。
送料小社負担にてお取りかえいたします。

未知への扉をひらく

「ハヤカワ新書」創刊のことば

誰しも、多かれ少なかれ好奇心と疑心を持っている。

そして、その先に在る納得が行く答えを見つけようとするのも人間の常である。それには書物を繙いて確かめるのが堅実といえよう。インターネットが普及して久しいが、紙に印字された言葉の持つ深遠さは私たちの頭脳を活性して、かつ気持ちに余裕を持たせてくれる。

「ハヤカワ新書」は、切れ味鋭い執筆者が政治、経済、教育、医学、芸術、歴史をはじめとする各分野の森羅万象を的確に捉え、生きた知識をより豊かにする読み物である。

早川浩

科博と科学
――地球の宝を守る

篠田謙一

クラウドファンディングで
9・2億円（国内史上最高額）達成！
国立科学博物館館長がいま伝えたいこと

明治10年に創立した上野・国立科学博物館。どんな組織であり、研究員は日夜何をしているのか？　日本中が注目したクラウドファンディングの舞台裏とは？　新書大賞2023第2位『人類の起源』著者にして現・科博館長が明快に説き語る、「文化としての科学」論！

ハヤカワ新書
020

人間はどこまで家畜か

——現代人の精神構造

熊代 亨

精神科医が「自己家畜化」を
キーワードに読み解く、現代の人間疎外

清潔な都市環境、健康と生産性の徹底した管理など、人間の「自己家畜化」を促す文化的な圧力がかつてなく強まる現代。だがそれは疎外をも生み出し、そのひずみはすでに「発達障害」や「社交不安症」といった形で表れている。この先に待つのはいかなる未来か？

ハヤカワ新書
019